V&R

PSYCHODYNAMIK **Kompakt**

Herausgegeben von
Franz Resch und Inge Seiffge-Krenke

Helmwart Hierdeis

Traum und Traumverständnis in der Psychoanalyse

Vandenhoeck & Ruprecht

Mit 14 Abbildungen

Bibliografische Information der Deutschen Nationalbibliothek

Die Deutsche Nationalbibliothek verzeichnet diese Publikation in der
Deutschen Nationalbibliografie; detaillierte bibliografische Daten sind
im Internet über http://dnb.d-nb.de abrufbar.

ISBN 978-3-525-40606-9

Weitere Ausgaben und Online-Angebote sind erhältlich unter: www.v-r.de

Umschlagabbildung: Paul Klee, Castle Garden, 1919/Öffentliche Kunstsammlung,
Basel, Switzerland/Bridgeman Images

© 2018, Vandenhoeck & Ruprecht GmbH & Co. KG,
Theaterstraße 13, D-37073 Göttingen /
Vandenhoeck & Ruprecht LLC, Bristol, CT, U.S.A.
www.v-r.de
Alle Rechte vorbehalten. Das Werk und seine Teile sind urheberrechtlich
geschützt. Jede Verwertung in anderen als den gesetzlich zugelassenen Fällen
bedarf der vorherigen schriftlichen Einwilligung des Verlages.
Printed in Germany.

Satz: SchwabScantechnik, Göttingen
Druck und Bindung: ⊕ Hubert & Co. GmbH & Co. KG BuchPartner,
Robert-Bosch-Breite 6, D-37079 Göttingen

Gedruckt auf alterungsbeständigem Papier.

Inhalt

Vorwort zur Reihe 7

Vorwort zum Band 9

1 Annäherungen 11
  1.1 Episode 11
  1.2 Der Traum in der Alltagserfahrung 12
  1.3 Der Traum in der Alltagssprache 15
  1.4 Der Traum in Kunst und Literatur 16

2 Freuds »Traumdeutung« (1900) 34
  2.1 Vorbemerkung 34
  2.2 Freuds Kritik an der zeitgenössischen Traumforschung 35
    2.2.1 Auslöser des Traums 35
    2.2.2 Funktionen des Traums 39
  2.3 Freuds Traumverständnis und Deutungsmethode 40
  2.4 Paradigma: Freuds »Traum von Irmas Injektion« 42
    2.4.1 Hinführung und Traumtext 42
    2.4.2 Traumanalyse 45
  2.5 Schritte der »Traumarbeit« 48
  2.6 Kritik an Freuds Deutung des Irma-Traums 54
  2.7 Freuds Rückschau 56

3 Traum und Traumverständnis nach Freud 58
  3.1 Ausdifferenzierung innerhalb der Psychoanalyse:
     Alfred Adler und Carl Gustav Jung 58

   3.2 Der Traum als Text 59
   3.3 Das Ich im Traum 62
   3.4 Empirische Traumforschung 64

4 Beispiele für die psychoanalytische Arbeit an
   und mit Träumen 68
   4.1 Vorbemerkungen 68
   4.2 Angst- und Straftraum 69
   4.3 Übertragung im Traum 72
   4.4 Gegenübertragung im Traum 75

5 Epilog 78
   5.1 Der Traum als Veränderungsanzeige 78
   5.2 »Wahrtraum« 79
   5.3 Schlussbemerkung 80

Literatur 82

Bildnachweis 87

Vorwort zur Reihe

Zielsetzung von PSYCHODYNAMIK KOMPAKT ist es, alle psychotherapeutisch Interessierten, die in verschiedenen Settings mit unterschiedlichen Klientengruppen arbeiten, zu aktuellen und wichtigen Fragestellungen anzusprechen. Die Reihe soll Diskussionsgrundlagen liefern, den Forschungsstand aufarbeiten, Therapieerfahrungen vermitteln und neue Konzepte vorstellen: theoretisch fundiert, kurz, bündig und praxistauglich.

Die Psychoanalyse hat nicht nur historisch beeindruckende Modellvorstellungen für das Verständnis und die psychotherapeutische Behandlung von Patienten hervorgebracht. In den letzten Jahren sind neue Entwicklungen hinzugekommen, die klassische Konzepte erweitern, ergänzen und für den therapeutischen Alltag fruchtbar machen. Psychodynamisch denken und handeln ist mehr und mehr in verschiedensten Berufsfeldern gefordert, nicht nur in den klassischen psychotherapeutischen Angeboten. Mit einer schlanken Handreichung von 70 bis 80 Seiten je Band kann sich der Leser schnell und kompetent zu den unterschiedlichen Themen auf den Stand bringen.

Themenschwerpunkte sind unter anderem:
- *Kernbegriffe und Konzepte* wie zum Beispiel therapeutische Haltung und therapeutische Beziehung, Widerstand und Abwehr, Interventionsformen, Arbeitsbündnis, Übertragung und Gegenübertragung, Trauma, Mitgefühl und Achtsamkeit, Autonomie und Selbstbestimmung, Bindung.
- *Neuere und integrative Konzepte und Behandlungsansätze* wie zum Beispiel Übertragungsfokussierte Psychotherapie, Schematherapie, Mentalisierungsbasierte Therapie, Traumatherapie, internet-

basierte Therapie, Psychotherapie und Pharmakotherapie, Verhaltenstherapie und psychodynamische Ansätze.
- *Störungsbezogene Behandlungsansätze* wie zum Beispiel Dissoziation und Traumatisierung, Persönlichkeitsstörungen, Essstörungen, Borderline-Störungen bei Männern, autistische Störungen, ADHS bei Frauen.
- *Lösungen für Problemsituationen in Behandlungen* wie zum Beispiel bei Beginn und Ende der Therapie, suizidalen Gefährdungen, Schweigen, Verweigern, Agieren, Therapieabbrüchen; Kunst als therapeutisches Medium, Symbolisierung und Kreativität, Umgang mit Grenzen.
- *Arbeitsfelder jenseits klassischer Settings* wie zum Beispiel Supervision, psychodynamische Beratung, Arbeit mit Geflüchteten und Migranten, Psychotherapie im Alter, die Arbeit mit Angehörigen, Eltern, Gruppen, Eltern-Säuglings-Kleinkind-Psychotherapie.
- *Berufsbild, Effektivität, Evaluation* wie zum Beispiel zentrale Wirkprinzipien psychodynamischer Therapie, psychotherapeutische Identität, Psychotherapieforschung.

Alle Themen werden von ausgewiesenen Expertinnen und Experten bearbeitet. Die Bände enthalten Fallbeispiele und konkrete Umsetzungen für psychodynamisches Arbeiten. Ziel ist es, auch jenseits des therapeutischen Schulendenkens psychodynamische Konzepte verstehbar zu machen, deren Wirkprinzipien und Praxisfelder aufzuzeigen und damit für alle Therapeutinnen und Therapeuten eine gemeinsame Verständnisgrundlage zu schaffen, die den Dialog befördern kann.

Franz Resch und Inge Seiffge-Krenke

Vorwort zum Band

Träume sind Alltagserfahrungen. Jeder Mensch träumt, auch wenn er sich morgens nicht mehr an seine Trauminhalte erinnern kann. Die Auseinandersetzung mit Träumen stellt eine Erinnerungsarbeit dar, die in einer rationalistischen, zukunftsorientierten Gesellschaft auch auf Widerstände trifft. So bieten die irrationalen, bruchstückhaften, sich der Alltagslogik widersetzenden Szenenabläufe, Erlebnisbausteine und Erzählreste eine große Angriffsfläche für den »Wirklichkeitssinn«. Die Alltagssprache spielt die Bedeutung des Traums eher herunter. In der Auseinandersetzung mit kreativen Prozessen und künstlerischen Erzeugnissen jedoch stößt man auf erstaunliche Parallelen zwischen Traumtätigkeit und künstlerischer Produktion.

Helmwart Hierdeis gibt in seinem Buch eine bemerkenswerte Übersicht über Traumdeutung und Traumverständnis in der psychotherapeutischen Arbeit. Die Traumdeutung Freuds um 1900 steht im Mittelpunkt der Darstellung. Feinsinnig werden die Quellströme sichtbar gemacht, aus denen Freud sein damaliges Opus schuf. Denn so sehr die freudsche Traumdeutung eine revolutionierende Theorie darstellte, baute diese doch auf vielen Überlegungen und Forschungsergebnissen aus der Zeit vor Freud auf. Anhand des Traums von »Irmas Injektion« werden die Bausteine der Traumanalyse erkennbar. Die Schritte der Traumarbeit werden verständlich. Wichtige Begriffe (z. B. Entstellung der Traumgedanken, Verdichtung und Verschiebung) sind klar definiert. Mithilfe des Instrumentariums kann danach eine Kritik an Freuds eigener Deutung gewagt werden. Der Traum als Text ist auch von wichtigen Autoren nach Freud aufgegriffen worden.

Ein Kapitel über empirische Traumforschung ergänzt die Abhandlung und stellt Bezüge zur Gegenwart her. Beispiele für die psychoanalytische Arbeit an und mit Träumen umfassen Angst- und Strafträume, Übertragungsphänomene im Traum, aber auch die Gegenübertragung im Traum des Analytikers. Zeigt der Traum in der Therapie Veränderungen an? Gibt es Wahrträume mit fast hellseherischen Komponenten? Viele interessante Fakten, historische Herleitungen, Praxiserfahrungen und Anregungen führen zu neuen Fragen und neuen Themen, die den Leser und die Leserin zu eigenen Stellungnahmen herausfordern. Besonders berührend sind die eigenen Traumerzählungen und die von Helmwart Hierdeis' Patientinnen und Patienten, die zeigen, wie empathisch und kreativ beide Parteien mit dem Traumprodukt umgehen.

Inge Seiffge-Krenke und Franz Resch

> »Wenn ich nur deiner Frau wie auch der Frau von Stein die verwünschte Aufmerksamkeit auf Träume wegnehmen könnte! Es ist doch immer das Traumreich wie ein falscher Lostopf, wo unzählige Nieten und höchstens kleine Gewinstchen untereinander gemischt sind.«
> (J. W. von Goethe an Joh. Gottfried Herder am 17.12.1788)

1 Annäherungen

1.1 Episode

Der sechsjährige Johannes im Gespräch mit seiner Mutter:
J: Was sind eigentlich Atome?
M: Das sind ganz kleine Teilchen, aus denen alles auf der Welt besteht.
J: Ich auch?
M: Ja.
J: Der Tisch?
M: Ja.
J: Mein Brot?
M: Ja.
J: Aber Träume nicht!

Gleichgültig, was der kindliche Beobachter und Denker von Atomen weiß: Für ihn sind sie Elemente der materiellen Welt, einer Welt, die er anschauen und anfassen kann, die, wenn er die Augen schließt und sie wieder öffnet, noch genauso da zu sein scheint wie vorher, die er verändern und deren früheren Zustand er wiederherstellen kann, die ihm mit ihrer Ordnung und Vorhersehbarkeit Sicherheit gibt. Gleichgültig auch, wie vielfältig und bunt die Traumerfahrung des Jungen schon ist: Er weiß offenbar, dass das alles auf seine Träume nicht zutrifft. Sie lassen sich weder angreifen noch umorganisieren noch wiederholen. Sie tauchen auf, irritieren oder erregen ihn kurz und verschwinden wieder, die meisten auf immer. Es sieht nicht so aus, als ob sie ihn im Augenblick beunruhigten. Aber wenn er sich selbst und seinen Träumen gegenüber wach bleibt, werden ihn immer mehr die Fragen beschäftigen: Wer oder was spielt mir im Schlaf so merkwürdige Bilder und Szenen vor? Wo bin ich denn da? Wo kommen sie her? Was haben sie mit mir zu tun? Was hat das alles für einen Sinn? Und wie soll ich darauf antworten?

1.2 Der Traum in der Alltagserfahrung

Jeder Mensch träumt, aber nicht jeder erinnert sich daran. Vielleicht sagt er dann, er träume nie. Andere erinnern sich selten an ihre Träume, wissen mit ihnen aber entweder nichts anzufangen oder fühlen sich zwar kurz irritiert, gehen ihnen jedoch nicht weiter nach. Damit ignorieren sie die Tatsache, dass im Traum unser mehr oder weniger bewusstes Leben am Tage und unser nicht bewusstes Leben in der Nacht in Beziehung zueinander treten – nur eben wie in raschen Filmschnitten und auf eine schwer durchschaubare Weise. Bei Wolfgang Mertens (2009, S. 8) könnte der oben zitierte junge Träumer später einmal nachlesen, was er für sich gewinnen kann, wenn er sich seinen Träumen zuwendet:

»Wenn wir uns an einen Traum erinnern,

nehmen wir Kontakt zu unserer unbewußten Phantasiewelt auf,

erfahren wir einen Zugang zu früheren Erinnerungen, in denen die möglichen Wege zur Erfüllung unserer Kindheitswünsche aufbewahrt sind,

erfahren wir aber auch, welche unbewältigten Ängste immer noch auf unser Tageserleben Einfluß ausüben können, und lernen, daß wir uns viele Aufgaben in der Gegenwart nicht zutrauen, weil sie immer noch mit alten Ängsten verbunden sind,

können wir uns vergegenwärtigen, welche Mittel unsere unbewußte Abwehr einsetzt, um die anstößigen und angsterregenden Teile unserer Tageserlebnisse vor uns selbst verborgen zu halten.

Wenn in unseren Träumen ungelöste Konflikte aus der Vergangenheit angesprochen werden, können zuvor unbewußte Wünsche, Emotionen und Handlungen vorbewußt werden.

Wir lernen dadurch auch unsere Abwehrformationen kennen, die wir einsetzen, um mit den durch die Tagesereignisse provozierten konflikthaften Wünschen und Emotionen umgehen zu können.

Dadurch kommen wir in Kontakt mit der Kreativität unseres Ichbewußtseins im Traum, aber auch im Wachzustand.

Dadurch erfahren wir, welch Glücksgefühl und Befriedigung sich einstellen können, wenn wir unsere Wünsche mit weniger Abwehr erleben könnten, was auch einen Ansporn dafür darstellt, uns mit unseren Einschränkungen auseinanderzusetzen. Dabei können wir auch lernen, unerfüllbare Kinderwünsche von solchen zu unterscheiden, die in Gegenwart und Zukunft in einer dem Erwachsenenleben angepassten Form noch realisierbar wären.

So können wir daran arbeiten, geeignetere Möglichkeiten der Konfliktlösung und der Wunschbefriedigung in der Realität zu finden.

Manchmal erfahren wir aber auch, welche traumatischen Erinnerungen sich immer wieder im Traum Ausdruck verschaffen und Angst hervorrufen, um damit endlich einer Integration und Lösung zugeführt werden zu können.

Und schließlich lernen wir noch, daß unsere Träume häufig auch einen kommunikativen Aspekt aufweisen: Sie beziehen sich zum Beispiel auf unsere Partner oder – wenn wir uns in Therapie befinden – häufig auch auf unseren Therapeuten und machen uns auf bislang nicht bewußte Erlebnisinhalte aufmerksam.«

Das Zitat ist erkennbar ein Plädoyer dafür, sich mit seinen Träumen auseinanderzusetzen. Der Gewinn, so lautet das Versprechen, besteht in einem Leben, das weniger vergangenheits- und konfliktbelastet und weniger angstbesetzt ist, dafür aber getragen vom Vertrauen in die eigene psychische Stabilität: Was auch immer in meiner Vergangenheit geschehen ist, wie konflikthaft auch immer meine Gegenwart ist und was die Zukunft auch bringen mag: Ich traue mir zu, damit fertig zu werden.

Aber: Die Auseinandersetzung mit Träumen ist Erinnerungsarbeit. Damit ist die Bereitschaft dazu bei jenen, die sich schon im Wachen gern von belastenden Erinnerungen abschneiden, wahrscheinlich nicht sehr ausgeprägt. Schließlich sind »Die Vergangenheit ruhen lassen!« und »Nach vorne blicken!« nicht nur scheinbar bewährte persönliche Strategien, um »alten Geschichten« zu entkommen, sondern auch Leitsätze einer Gesellschaft, die sich als zukunftsorientiert versteht. Für sie ist psychische Ökonomie gleichbedeutend mit Freiheit von Erinnerungen an Misslingen und Schuld. Menschen, die ihre Träume als Auskunft über sich selbst verstehen wollen, sind also vermutlich in der Minderheit. Aber selbst wer sich seinen Träumen offensiv zuwenden möchte, hat oft Schwierigkeiten, ihre Bildersprache zu übersetzen. Manche suchen nach Erklärungen auf dem Markt der Traumsymbolbücher oder sie besuchen »Traumseminare«, weil sie in geschützten Räumen und mit Gleichgesinnten eher den Mut finden, ihre Träume zu erzählen (natürlich auch, weil sie auf die Träume Fremder neugierig sind). Im Alltag ist das nicht jedermanns Sache. Was sollen auch andere mit geträumten Szenen anfangen, an die sich die Träumer selbst schon im Augenblick des Erzählens nur noch bruchstückhaft erinnern? Auch wer seine Träume für »Schäume«, »dummes Zeug«, »Quatsch«, »Nonsens« oder »Wirrwarr« hält, hat oft eine gewisse Scheu, sie anderen mitzuteilen, denn es könnte ja sein, dass Außenstehende irgendetwas Peinliches hineindeuten oder, noch schlimmer, dass sie sich fragen, ob beim Träumer auch alles in Ordnung ist, wenn er »so etwas« träumt. Eine solche Skepsis war auch Sigmund Freud nicht fremd, als er daran ging, in seiner im Jahr 1900 erschienenen »Traumdeutung« (siehe Abbildung 1) etwas aus dem eigenen Traumerleben offenzulegen: »Man hat eine begreifliche Scheu, soviel Intimes aus seinem Seelenleben preiszugeben, weiß sich dabei auch nicht gesichert vor der Mißdeutung der Fremden« (Freud, 1900a, S. 110).

1.3 Der Traum in der Alltagssprache

Weil Träume so flüchtig sind und ihre Ausdrucksformen dem Wirklichkeitssinn im Wachzustand widersprechen, haben die meisten Träumer ein ambivalentes Verhältnis zu ihnen. Das findet seinen Niederschlag in der Alltagssprache. Dort sind »Traum« und »Träume« oft negativ konnotiert: »Träume sind Schäume« oder »ein Dreck«. »Blütenträume« können »zerplatzen« oder sind bald »ausgeträumt«. »Du träumst wohl« oder »Träum weiter!« sagen wir zu einem, der unrealistische Erwartungen äußert, und »Träumer« nennen wir einen anderen, der nicht ganz bei der Sache ist. Wenn jemand erzählt, er habe einen »Albtraum« hinter sich, so wissen wir, dass er eine schockierende Erfahrung gemacht hat.

In einem »Lexikon der sprichwörtlichen Redensarten« (Röhrich, 1973, S. 1084f.) finden sich weitere Beispiele für negative Zuschreibungen: »*Das fällt mir nicht im Traum ein*‹: daran habe ich gar nicht gedacht; darüber hinaus Ausdruck der Ablehnung [...]. ›*Du kannst einem ja im Traum erscheinen*‹: wie eine Schreckgestalt Angst einflößen [...]. ›*Einem aus einem Traume helfen*‹: einem Aufschluß über etwas verschaffen [...]. ›*Wie im Traum umhergehen*‹: die Wirklichkeit nicht wahrnehmen [...]. ›*Jemanden ins Traumland schicken*‹: ihn niederboxen, ihn knockout schlagen« (Hervorh. im Original).

Auf der anderen Seite kann »Traum« als sogenanntes Präfixoid auch dazu dienen, Superlative (großartig, einzigartig, herausragend) auszudrücken, etwa bei »Traumlage« (einer Immobilie), »Traumvorlage« (im Fußballspiel), »Traumfigur« (einer Frau), »Traumurlaub« (der einen die Gegenwart vergessen ließ) oder »Traumjob« (wenn Leistung und Entlohnung in einem überraschend günstigen Verhältnis zueinander stehen). Dabei wird die semantische Bedeutung von »Traum« verengt, verwässert oder verfälscht. Jugendliche bringen in ihrer manchmal skeletthaften Sprache ihre Begeisterung gelegentlich mit dem prädikativen Adjektiv »traum!« zum Ausdruck (etwa bei: die Abfahrt/das Wetter/das Mädchen/die Aussicht war »traum!«). Auch hier ist – wie beim »Wunschtraum« – von der komplexen Bedeutung von »Traum« nur das übrig geblieben, was in positiver Hinsicht fantastisch und unvorstellbar ist.

1.4 Der Traum in Kunst und Literatur

Die unterschwellige Präsenz des Traums im Leben wird auch in seinen mannigfachen künstlerischen Verarbeitungen sichtbar (vgl. Kreuzer, 2014). Vertreter diverser Kunstrichtungen bedienen sich des Sujets »Traum«, um ihren Phantasien neue Ausdrucksmöglichkeiten zu erschließen oder um eigene Traumbilder wiederzugeben.

Besonders häufig lassen sich Komponisten vom Traum inspirieren. Joseph Haydn vertont ein Gedicht von J. W. L. Gleim mit dem von Calderón de la Barca entlehnten Titel »Das Leben ist ein Traum« (siehe Abbildung 2). Carl Maria von Weber lässt in seiner Oper »Freischütz« (1821) Agathe von ihrem Tod und ihrer Verwandlung durch den Geliebten träumen. Hector Berlioz illustriert in seiner »Sinfonie phantastique« (1830) den Traum eines Künstlers von Hinrichtung und ewiger Verdammnis. Franz Schubert vertont im Liederzyklus »Winterreise« Wilhelm Müllers Gedicht »Ich träumte von bunten Blumen« (siehe Abbildung 3). Robert Schumann komponiert eine »Träumerei« für Klavier (siehe Abbildung 5) und wählt für seine Liedkompositionen besonders gern Gedichte aus, die Traumszenen enthalten (siehe Abbildung 4). »Traummusik« nennt sich ein vor wenigen Jahren gegründetes Trio für Gitarre, Querflöte und Harfe (http://jennifer-peters.de/?page_id=604). Den Namen »Samsas Traum« (in Anspielung an Franz Kafkas Erzählung »Die Verwandlung« von 1915, in der sich der Erzähler in einen Käfer verwandelt sieht) hat sich eine 1996 gegründete Band gegeben (https://de.wikipedia.org/wiki/Samsas_Traum).

Die bildende Kunst ist spätestens seit der Romantik reich an Beispielen für Traumbilder (siehe Abbildungen 6, 7, 8, 9). Auch in der aufklärenden Kunst der Karikatur ist der Traum ein beliebtes Motiv (siehe Abbildung 10). Die Literaturgeschichte kennt zahllose

DIE

TRAUMDEUTUNG

VON

DR. SIGM. FREUD.

»FLECTERE SI NEQUEO SUPEROS, ACHERONTA MOVEBO.«

LEIPZIG UND WIEN.
FRANZ DEUTICKE.
1900.

Abbildung 1: Titelseite der Erstausgabe von »Die Traumdeutung« von Sigmund Freud, 1900

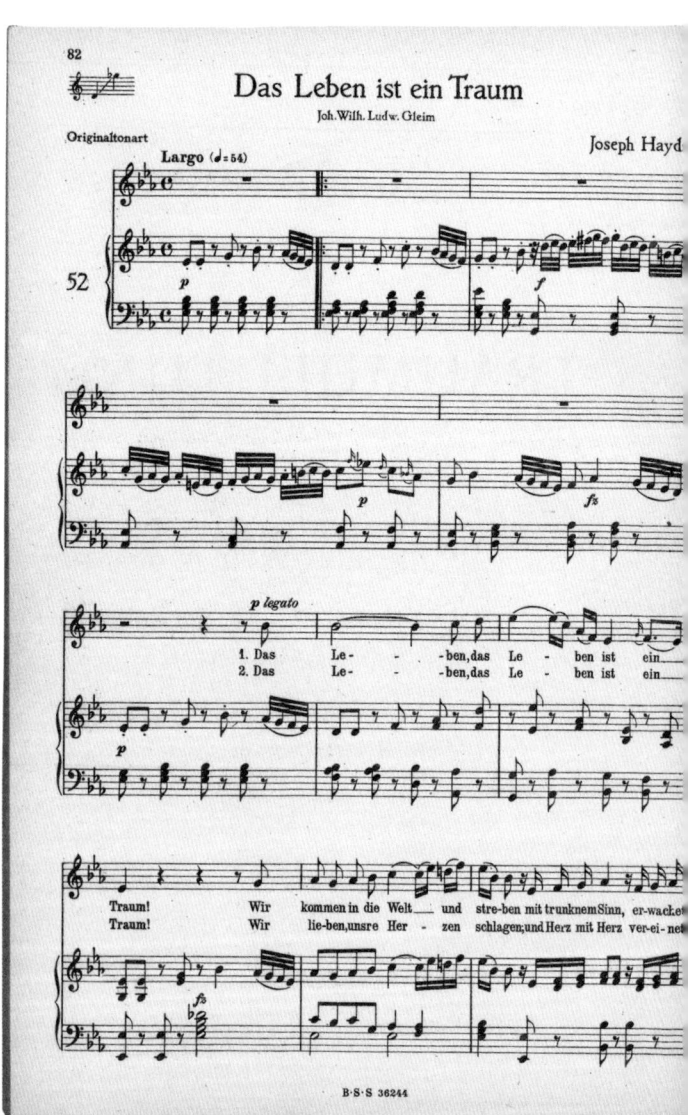

Abbildung 2: Johann Wilhelm Gleim/Joseph Haydn: »Das Leben ist ein Traum« (1781–84) Hob. XXVI, 21

Abbildung 3: Wilhelm Müller/Franz Schubert: »Frühlingstraum«, aus: »Winterreise« (1827) op. 89, aus: Franz Schubert, Ausgewählte Lieder (o. J.). Mainz

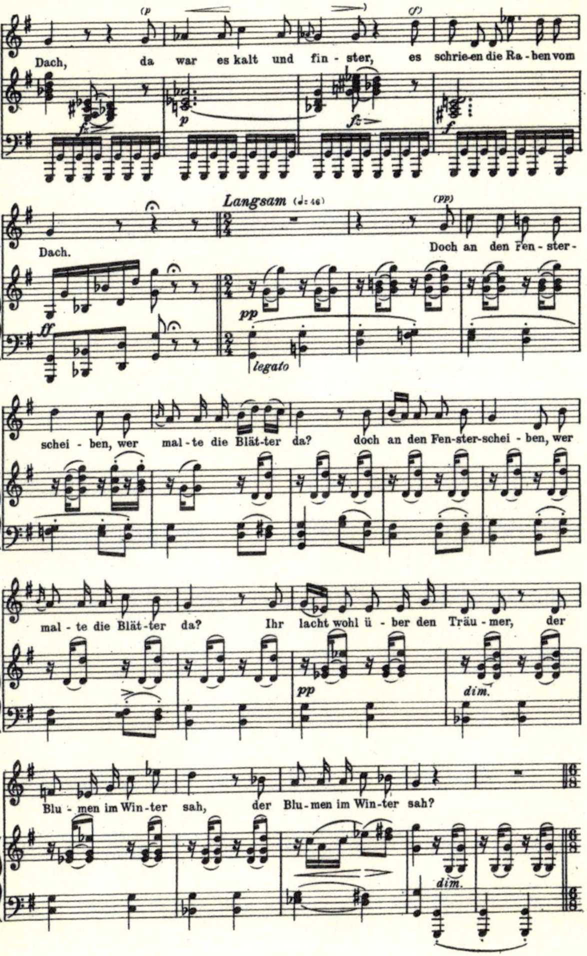
Dach, da war es kalt und fin - ster, es schrie-en die Ra - ben vom
Dach.
Langsam (♩= 46)
Doch an den Fen - ster -
schei - ben, wer mal - te die Blät - ter da? doch an den Fen - ster - schei - ben, wer
mal - te die Blät - ter da? Ihr lacht wohl ü - ber den Träu - mer, der
Blu - men im Win - ter sah, der Blu - men im Win - ter sah?
legato
dim.

Abbildung 4: Robert Schumann/Heinrich Heine: »Allnächtlich im Traume«, aus »Dichterliebe« (1840) op. 48, 14

Abbildung 5: Robert Schumann: »Träumerei«, aus: »Kinderszenen« (1838) op. 15

Abbildung 6: Arnold Böcklin: »Vita somnium breve« (1888)

Abbildung 7: Paul Klee: »Jungfrau (träumend)« (1903)

Abbildung 8: Franziska Scherer: »Harlekin träumt am Strand« (2001)

Abbildung 9: Irmgard Hierdeis: »Adams unzensierter Traum« (2017)

Abbildung 10: Johannes Hickel: Schülertraum: »Gerechte Strafe«, aus: Sanfter Schrecken (1980). Quelle & Meyer: Heidelberg

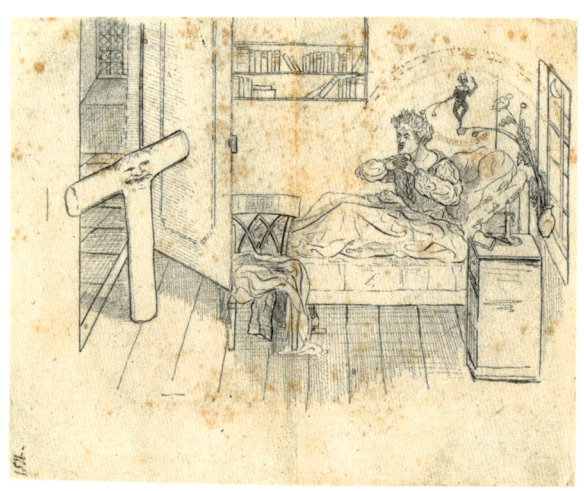

Abbildung 11a

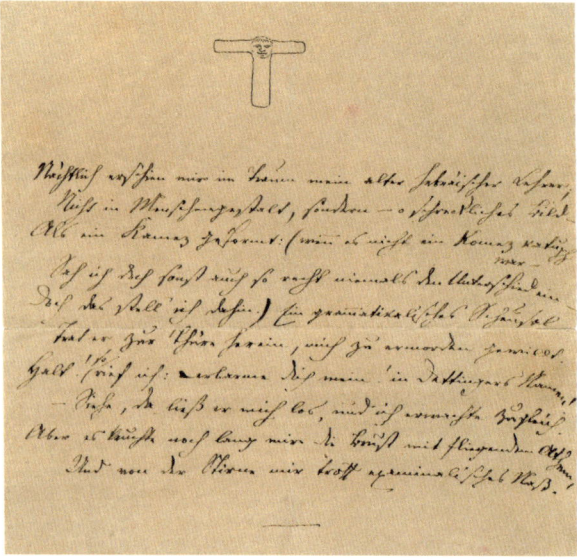

Abbildung 11b: Eduard Mörike: Scherz (1838). (Dettinger war der Name des Klassenprimus) – Umschrift s. S. 87

Traum und Traumdeutung.

Ein Vortrag mit Anmerkungen.

Von

Dr. phil. P. Graffunder
in Fürstenwalde (Spree).

Hamburg.
Verlagsanstalt und Druckerei A.-G. (vormals J. F. Richter),
Königliche Hofbuchdruckerei.
1894.

Abbildung 12: P. Graffunder: »Traum und Traumdeutung« (1894), aus: Rudolf Virchow, Franz von Holtzendorff, Wilhelm Wattenbach (Hrsg.), Sammlung gemeinverständlicher wissenschaftlicher Vorträge. Inhalt 1866–1901, Neue Folge, 9. Serie, Heft 197

Jakobs Traum (1 Mos 28,10–19)

Abbildung 13: Altes Testament: »Jakobs Traum«, 1 Moses 28, 10–16. Holzschnitt. Kölner Bibel 1479, aus: Katholisches Bibelwerk Stuttgart: Die heilige Schrift (1966)

»Jakob aber ging fort von Beerseba und reiste nach Charan. Da erreichte er einen Ort, wo er übernachtete; denn die Sonne war gerade untergegangen. Er nahm einen von den Steinen des Geländes und legte ihn sich zu Häupten; dann schlief er an jenem Platze. Und er träumte:

Eine Leiter stand auf der Erde, ihre Spitze berührte den Himmel. Gottes Engel stiegen auf und nieder. Oben stand der Herr und sprach: Ich bin der Herr, der Gott deines Vaters Abraham und der Gott Isaaks; das Land, auf dem du schläfst, will ich dir und deinen Nachkommen schenken. Deine Nachkommen werden zahlreich sein wie der Staub der Erde. Du wirst dich ausbreiten nach Westen, Osten, Norden und Süden. In dir sollen gesegnet sein alle Geschlechter der Erde, und in deinen Nachkommen. Siehe, ich bin mit dir; ich werde dich behüten überall, wohin du gehst. Ich werde dich heimkehren lassen in dieses Land; ich will dich nicht verlassen, bis ich getan habe, was ich dir gesagt.«

(1 Moses 28, 10-16)

Traumtexte in Form von Allegorien, als poetische Einkleidung von Utopien, Jenseitsbezügen und Idealschilderungen, als Gegenwelten der Wirklichkeit (von Wilpert, 1969; Alt, 2011) oder als dramaturgische Mittel, die auf die Motive handelnder Personen verweisen und auf die Art und Weise, wie sie sich mit Erfahrungen auseinandersetzen (Hierdeis, 2008). So greift Pedro Calderón de la Barca (1600–1681) in seinem Drama »Das Leben ein Traum« (1636) die schon in der Antike erörterte Frage auf, wie wir unserer »Wirklichkeit« sicher sein können, ähnlich 200 Jahre später Franz Grillparzer (1791–1872) in »Der Traum, ein Leben« (1834). Insbesondere die Lyrik von der Barockdichtung bis in die Gegenwart ist voll von Bildern, die aus Träumen stammen oder ihnen nachempfunden sind (Manegold u. Rüther, 2000 ff.; siehe Abbildungen 11a/b). Eine spezielle Bedeutung kommt dabei der romantischen und spätromantischen Dichtung zu, weil sie von einer »Tiefenphilosophie« (Lütkehaus, 1995, S. 2 ff.; vgl. Völmicke, 2005) getragen wird, die dem Begriff des Unbewussten in der Wissenschaft Geltung verschafft, sich kritisch gegen den Rationalismus der Aufklärung wendet, das Subjektive betont, »Synthese und Ganzheit anstrebt und das Irrationale als legitimen Gegenstand des künstlerischen und wissenschaftlichen Interesses begreift« (Gleiss, 2005, S. 97). Sigmund Freud schätzt die Dichter als »Bundesgenossen […], weil sie […] aus Quellen schöpfen, welche wir noch nicht für die Wissenschaft erschlossen haben« (Freud, 1907a, S. 33). Mehr noch: Er verwendet immer öfter seine aus der Traumforschung gewonnenen Erkenntnisse, um Dichtung und Kunst, Dichter und Künstler zu verstehen, und stößt auf erstaunliche Parallelen zwischen Traumtätigkeit und künstlerischer Produktion.

2 Freuds »Traumdeutung« (1900)

2.1 Vorbemerkung

Die Entwicklung der menschlichen Traumtätigkeit reicht – neben der Entwicklung des Bewusstseins – weit hinter die dokumentierte Kulturgeschichte zurück. Christoph Türcke sieht im Traum sogar den Anfang des Denkens und damit der Kultur: »Wer begreifen will, was Denken ist, muss zu begreifen versuchen, was Träumen ist. Nirgends zeigt sich menschliches Denken in so primitiver Verfassung wie im Traum […]. Zwar ist auch das Traumleben offen für Neues. […] An seiner primitiven Verfahrensweise hat das nichts Grundsätzliches geändert. […] Insofern eröffnet der Traum, auch der zeitgenössische noch, eine Dimension von Vorzeit, an die keine Ethnologie je heranreicht« (Türcke, 2009, S. 15; vgl. 2010; Beland, 1999). Die ur- und frühgeschichtliche Forschung geht folgerichtig davon aus, dass das Traumerleben mit seiner engen Verflechtung von triebhaft-emotionalen und kognitiven Elementen das Denken und Handeln der kulturellen Frühzeit (z. B. im Animismus und Totemismus) in einem hohen Ausmaß bestimmt hat und dass seine Dominanz erst im Laufe der Zeit der Rationalität gewichen ist (Leuschner, 2014). Damit ist der menschheitsgeschichtliche Ursprung des Denkens aber weder verschwunden noch unwirksam geworden. Das wusste auch Freud, und für ihn als Kenner der Evolutionstheorie war das ein Grund mehr, sich der Geschichte des Traumverständnisses zuzuwenden. Folgerichtig leitet er seine »Traumdeutung« (1900a) mit der Sichtung der Traumforschung im 19. Jahrhundert ein. Sein Buch ist zwar im Hinblick auf theoretische Originalität, Deutungsmethode und Materialreichtum einzigartig, aber ähnliche Titel gab es bereits vor seiner Zeit (siehe Abbildung 12). Die erkenntnistheoretische Bedeutung seiner Arbeit ahnte er. Dass über den Traum ein neues Verständnis von der Psyche und ihrer Dynamik möglich würde, hoffte er. Wie sehr seine Forschungsarbeit die Traumforschung der Zukunft anregen und das Buch zu einer Art Urschrift der psychoanalytischen Bewegung aufsteigen würde, konnte er bei dessen Erscheinen noch nicht abschätzen.

2.2 Freuds Kritik an der zeitgenössischen Traumforschung

2.2.1 Auslöser des Traums

Die Anstrengungen, den Traum zu verstehen, lohnen sich nur, wenn sich eine plausible Erklärung für seinen Auslöser finden lässt. Freud war über die jahrelange akribisch protokollierte Beobachtung eigener Träume zur Überzeugung gelangt, der Ursprung des Traums liege in der Psyche selbst. Vermutungen in diese Richtung gab es zwar schon lange vor ihm, aber ihnen fehlte die empirische Basis. Das Bewusstsein der Allgemeinheit vom Traum wurde, gestützt von religiösen und esoterischen Glaubenslehren aller Art, von der Vorstellung beherrscht, der Traum enthalte Botschaften, die für die Lebensführung wichtig seien. Die wenigen Ärzte, Biologen und Philosophen, die im 19. Jahrhundert auf der Suche nach einer (in ihrem Sinne) wissenschaftlichen Grundlegung waren, richteten in der Regel ihre Aufmerksamkeit auf körperliche und von außen kommende Reize. Um sich nicht dem Vorwurf auszusetzen, nur seine eigene Spur zu verfolgen und andere Theorien zu ignorieren, machte Freud sich daran, das einschlägige Forschungsmaterial zu sichten. Die Revue umfasst die ersten hundert Seiten der »Traumdeutung«.

Der historischen Traumforschung konnte er zunächst Folgendes entnehmen: Die frühesten Zeugnisse von Traumschilderungen und Traumdeutungen zum Beispiel im Alten Testament (siehe Abbildung 13), im Neuen Testament oder in den Traumbüchern des Artemidoros aus Daldis aus dem zweiten Jahrhundert n. Chr. beruhen auf der schriftlichen Fixierung von weit zurückreichenden mündlichen Traditionen. Je älter sie sind, desto deutlicher tritt der (auch heute da und dort noch lebendige) Glaube hervor, Träume seien Eingebungen und Offenbarungen aus dem Jenseits, um dem Menschen einen Blick in die Zukunft zu erlauben.

Erst mit Aristoteles (384–322 v. Chr.) beginnt eine Psychologisierung des Traums in dem Sinne, dass die geträumten Szenen etwas mit der »Seelentätigkeit des Schlafenden« (Freud, 1900a, S. 3) zu tun haben. In der von Artemidoros vorgenommenen Einteilung der Träume fand Freud eine Unterscheidung in zwei Klassen. In der einen werden Vergangenheit oder Gegenwart wirksam (durch wiederholende Darstellungen oder durch die phantastische Ausschmückung von Erlebtem), in der anderen geht es um die Zukunft: Sie enthält Träume mit direkten Weissagungen oder Voraussagen bestimmter Ereignisse und symbolische, daher auslegungsbedürftige Träume. Diese zweite Gruppe ist eine Herausforderung für den Träumer: »Da man von den Träumen im allgemeinen wichtige Aufschlüsse erwartete, aber nicht alle Träume unmittelbar verstand und nicht wissen konnte, ob nicht ein bestimmter unverständlicher Traum doch Bedeutsames ankündigte, war der Anstoß zu einer Bemühung gegeben, welche den unverständlichen Inhalt des Traums durch einen einsichtlichen und dabei bedeutungsvollen ersetzen konnte« (Freud, 1900a, S. 4). Man bedurfte also eines Traumdeuters, der Unverständliches verständlich zu machen, das Verwirrende zu entschlüsseln und bedeutungslos Erscheinendes als bedeutsam aufzuzeigen hatte.

Worauf Freud nicht hinweist: Die Rolle der Traumdeuter übernahmen nach der Erfindung des Buchdrucks »Traumbücher« für das lesekundige Publikum, denen es entnehmen konnte, was dieses oder jenes Traumsymbol ihm für die Zukunft zu sagen hatte, zum Beispiel:
- »Wer im Traum in einer Kirche steht, dem droht eine Anklage.«
- »Träumt man, mit seiner Konkubine zu schlafen, wird einem Gutes widerfahren.«
- »Wer mit einem Verstorbenen spricht, kann auf Zuwendungen hoffen« (Brackertz, 1993, S. 11, 123, 122).

Nicht erst Artemidoros hat einen Zusammenhang zwischen Wachleben und Traum vermutet. In F. W. Hildebrandts »Der Traum und seine Verwerthung für's Leben« (1875/2005) stößt Freud auf noch ältere Quellen, die davon sprechen, dass die Träume meist das enthielten, was die Menschen schon im Wachen dächten und täten oder wobei man im Geist oder im Gemüt am meisten verweilt habe (Freud, 1900a).

Die *erste Erkenntnis,* die Freud bei der Sichtung der Traumforschung des 19. Jahrhunderts gewinnt, formuliert er so: »Daß alles Material, das den Trauminhalt zusammensetzt, auf irgendeine Weise vom Erlebten abstammt, also im Traum reproduziert, *erinnert* wird, dies wenigstens darf uns als unbestrittene Erkenntnis gelten. Doch wäre es ein Irrtum anzunehmen, daß ein solcher Zusammenhang des Trauminhaltes mit dem Wachleben sich mühelos als augenfälliges Ergebnis der angestellten Vergleichung ergeben muß. Derselbe muß vielmehr aufmerksam gesucht werden« (Freud, 1900a, S. 10 f.; Hervorh. im Original).

Die *zweite Erkenntnis:* Das Material des Traums kann dem unmittelbar vorangegangenen Wacherleben entnommen sein, es kann aber auch so frühen Lebensphasen entstammen, dass der Träumer gar nicht mehr in der Lage ist, es als eigenes Erleben zu identifizieren. Aber das ist nicht die einzige Schwierigkeit. Denn offenbar benötigen Szenen, die im Wachen heftig erregen, eine gewisse Zeit des Abkühlens oder des Absinkens, während sich Nebensächliches in den Vordergrund drängt. Was Freud der Forschung gleichfalls entnehmen kann und womit er künftige Theorien zur Dynamik des Gedächtnisses und der Informationsverarbeitung im Schlaf anbahnt: Der Traum wiederholt nicht einfach vergangene Szenen. Er »macht wohl einen Ansatz dazu, aber das folgende Glied bleibt aus; es tritt verändert auf oder an seiner Stelle erscheint ein ganz fremdes. Der Traum bringt nur Bruchstücke von Informationen« (S. 21 f.; vgl. Hierdeis, 2000).

Die *dritte Erkenntnis:* Es besteht ein Zusammenhang zwischen der Traumtätigkeit und vereinzelt oder kombiniert auftretenden »äußeren Sinnesreizen« (durch Kälte, Wärme, Gerüche, Druck von außen,

Geräusche, Hautreizungen ...), »inneren (subjektiven) Sinnesreizungen« (durch Gesichts- und Gehörsempfindungen ...), »inneren organischen Leibreizen« (Durst, Hunger, Atembeschwerden, Harndrang, sexuelle Empfindungen ...) und »psychischen Reizquellen« (Erregungen im vorausgegangenen Wachzustand durch Konflikte, Traumatisierungen, ästhetische Eindrücke ...) (Freud, 1900a, S. 21 ff.). Freud sieht in der Annahme von körperlichen Reizquellen durchaus einen Baustein für seine eigene Traumtheorie. Er nimmt allerdings Anstoß daran, dass die Forschung sich bei ihren Erklärungen verallgemeinernd auf das beschränkt, was sie am leichtesten untersuchen kann, nämlich die vom Körper ausgehenden Reize. Sie sollte, meint er, solange sie es nicht besser weiß, zumindest bereit sein, die psychischen Reizquellen anzuerkennen. Für ihn steht fest, dass in ihnen das Geheimnis des Traums verborgen liegt. Zumindest handelt es sich für ihn um die einzige sinnvolle Hypothese: »*Nehmen wir als Voraussetzung für alles Weitere an, daß der Traum kein somatisches, sondern ein psychisches Phänomen ist.* […] Wenn der Traum ein somatisches Phänomen ist, geht er uns nichts an; er kann uns nur unter der Voraussetzung, daß er ein seelisches Phänomen ist, interessieren. Wir arbeiten also unter der Voraussetzung, er sei es wirklich, um zu sehen, was dabei herauskommt« (Freud, 1916–17a, S. 97; Hervorh. im Original).

Während Freud die Traumliteratur (vgl. Goldmann, 2005, 2003) sachlich referiert, muss ihn die vorausgegangene Lektüre zunehmend gelangweilt und geärgert haben. Wie hätte er sich sonst gegenüber seinem Freund Wilhelm Fließ wiederholt über »die entsetzliche Ödigkeit der Literatur über den Traum« (Freud, 1999, S. 369) beschweren können? War ihm nur der Zwang lästig, den Forschungsstand darstellen zu müssen, während er doch das dringende Bedürfnis verspürte, der Welt seine Entdeckung vom Traum als ausschließlichem Produkt der Seelentätigkeit zu verkünden? Wurde ihm der physiologieorientierte Mainstream der Forschung zu viel oder störten ihn die Spekulationen und Widersprüche, auf die er stieß, oder befürchtete er gar, dass seine, wie er meinte, umstürzende Hypothese doch noch bedroht sein könnte (vgl. Bittner, 1998; Türcke, 2009)?

2.2.2 Funktionen des Traums

»Eine Aussage über den Traum, welche möglichst viele der beobachteten Charaktere desselben von einem Gesichtspunkte aus zu erklären versucht und gleichzeitig die Stellung des Traumes zu einem umfassenderen Erscheinungsgebiet bestimmt, wird man eine Traumtheorie heißen dürfen. Die einzelnen Traumtheorien werden sich darin unterscheiden, daß sie den oder jenen Charakter des Traumes zum wesentlichen erheben, Erklärungen und Beziehungen an ihn anknüpfen lassen. Eine Funktion, d. i. ein Nutzen oder eine sonstige Leistung des Traumes, wird nicht notwendig aus der Theorie ableitbar sein müssen, aber unsere auf die Teleologie gewohnheitsmäßig gerichtete Erwartung wird doch jenen Theorien entgegenkommen, die mit der Einsicht in eine Funktion des Traumes verbunden sind« (Freud, 1900a, S. 78).

Mit diesen umständlich klingenden Einleitungssätzen begibt sich Freud auf die Suche danach, ob die bisher vorliegenden Theorien seiner Annahme entgegenkommen, *dass Träume zielgerichtet sind und damit einen Sinn enthalten, der sich herausfinden lässt.* Sie bestimmt sein eigentliches Erkenntnisinteresse. Der Glaube, beim Traum handle es sich um eine Eingebung aus dem Jenseits, ist für ihn längst wissenschaftlichen Erklärungen gewichen und hat, besonders mit der Entwicklung der biologischen Traumforschung, einer Vielzahl von Theorien Platz gemacht. Aber alle physiologisch begründeten Konzepte, ob sie nun aus den Naturwissenschaften oder aus der Philosophie stammen, können ihm nicht erklären, aus welchem Grund man träumt. Sie neigen eher dazu, den Traum als etwas Krankhaftes zu betrachten, und negieren seine Eigenschaft als ganz gewöhnlicher psychischer Prozess. Aber da und dort wird Freud doch in seinem Sinne fündig. Bei W. Robert (1886/2005) findet er den Gedanken, bei Träumen handle es sich um »*Ausscheidungen von im Keime erstickten Gedanken*«, sie seien eine Art »Sicherheitsventil«, hätten »*heilende, entlastende Kraft*« und würden nicht durch Körperreize ausgelöst, sondern ihr Ursprung liege »in der Seele selbst, in ihrer Überladung, die nach Entlastung verlangt« (Freud, 1900a, S. 83; Hervorh. im Original). Die »Seele ausmisten« nennt Freud diese Funktion (1900a, S. 84). »Über-

ladung« ist aber nicht nur ein Problem von Menge und Qualität, wie es das Bild vom »Ausmisten« nahelegen könnte; vielmehr geht es um Abgebrochenes, Offengelassenes, Unterdrücktes. Mit Freuds Worten:
»Noch mehr Anrecht auf eine Rolle im Traum als der schwache und fast unbeachtete Eindruck wird ein starker Eindruck haben, der zufällig in seiner Bearbeitung aufgehalten wurde oder mit Absicht zurückgedrängt worden ist. Die tagsüber durch Hemmung und Unterdrückung aufgespeicherte psychische Energie wird nachts die Triebfeder des Traums. Im Traum kommt das psychisch Unterdrückte zum Vorschein« (1900a, S. 85).

Eine weitere Beobachtung, die ihm für sein eigenes Konzept wichtig ist, findet Freud bei R. A. Scherner (1861): Der Traum scheint ein Spiel mit Übertreibungen und unpassenden Partikeln zu sein. Befreit vom rationalen Denken mit seinen Begriffen produziert er Bilder, häufig solche, die aufs Erste gar nicht zum Thema passen. Die ungezügelte Phantasie spielt mit Symbolen und mutet dem träumenden Ich zu, sich in Situationen zurechtzufinden, die ihm fremd sind. Das alles kann Freud zwar akzeptieren, aber ein Nutzen wird für ihn nicht erkennbar.

2.3 Freuds Traumverständnis und Deutungsmethode

Die Traumforschung vor Freud beharrt zwar weitestgehend auf den physischen Voraussetzungen des Traums, aber sie hat da und dort doch etwas zutage gefördert, das Freud mit seiner eigenen Theorie verknüpfen kann:
- die Übertragung körperlicher Prozesse in Traumbilder;
- die Bedeutung des Traums für Psychohygiene und Gesundheit;
- der Eingang des vorangegangenen Tagesgeschehens in das Traumerleben;
- Unterschiede in der Elaboriertheit von Träumen;
- die Unfertigkeit von Traumszenen;

- der Zusammenhang von Traum und Erinnerung und damit von Traum und Lebensgeschichte;
- Verfremdungen in Form von Übertreibungen und Symbolisierungen;
- die Kreativität des Traums und
- sporadische Hinweise darauf, der Traum könne durch Vorgänge im Seelenleben selbst, beispielsweise durch unerfüllte Wünsche, verursacht werden.

Das ist bereits eine ganze Menge, auf dem sich aufbauen lässt. Aber wozu das alles? In Freuds Augen besteht das größte Defizit der Wissenschaft seiner Zeit darin, dass sie trotz etlicher zutreffender Beobachtungen kaum Kenntnisse über die Funktionen des Traumgeschehens hat. Aber er glaubt, es zu beheben zu können: »Ich habe mir vorgesetzt zu zeigen, daß Träume einer Deutung fähig sind« (Freud, 1900a, S. 100). Das hatten die Menschen im vorwissenschaftlichen Zeitalter zwar auch geglaubt, und Traumdeuter hatten damit ihr Geschäft gemacht, indem sie das, was sie für Traumsymbole hielten, auf eine vermeintlich analoge (künftige) Wirklichkeit bezogen oder indem sie nach einer Art »›Chiffriermethode‹ […] jedes Zeichen nach einem feststehenden Schlüssel in ein anderes Zeichen von bekannter Bedeutung« (S. 102) übertrugen. Aber abgesehen davon, dass ihre schematischen Deutungen mit dem träumenden Subjekt wenig zu tun hatten, stießen sie auch an ihre Grenzen, wenn die Traumbilder uneindeutig und verworren waren. Freud grenzt sich von dieser Art, mit Träumen umzugehen, ab. Er ist sich sicher, über ein »wissenschaftliches Verfahren der Traumdeutung« (S. 104) zu verfügen, das verallgemeinerungsfähig ist, und beruft sich dabei auf seinen Mentor und Freund Josef Breuer. Der hatte die Erfahrung gemacht, dass für manche »als Krankheitssymptome empfundenen Bildungen [Phobien, Zwangsvorstellungen; H. H.] Auflösung und Lösung in eines zusammenfällt. Hat man solche pathologische Vorstellung auf die Elemente zurückführen können, aus denen sie im Seelenleben des Kranken hervorgegangen ist, so ist diese auch zerfallen, der Kranke von ihr befreit« (S. 104).

Diesen Weg will Freud nun auch bei der Deutung des Traums einschlagen. Er erkennt darin Analogien zu neurotischen Symptomen wie etwa Wirklichkeitsverzerrung und -verleugnung (nur dass sie hier im Schlaf stattfinden) und wendet seine assoziativ-analytische Methode an, um dessen Sinn herauszuarbeiten. Sie betrifft zunächst das »Setting«, also die Reflexions- und Gesprächssituation. Damit der Patient sich auf seine psychischen Wahrnehmungen konzentrieren und sie unzensiert auftauchen lassen und wiedergeben kann, soll er ruhig liegen, die Augen schließen und keine Kritik gegenüber den aufsteigenden Einfällen zulassen (1900a, S. 105 ff.). Hat er dann den Traum erzählt, gilt die Aufmerksamkeit zunächst nicht der Erzählung insgesamt, sondern einzelnen Abschnitten ihres Inhalts; denn der Traum ist »etwas Zusammengesetztes, [...] ein Konglomerat von psychischen Bildungen« (S. 108). Zu den Details soll der Träumer seine Assoziationen liefern.

Die Unterschiede zu den früheren Deutungspraktiken sind offenkundig: Die Initiative für Einfälle und Deutungen liegt zunächst beim Träumer/Erzähler. Der Analytiker/Therapeut fragt nach, gibt Impulse, bietet seinerseits Deutungen zur Überprüfung an, ermutigt, macht auf Abweichungen vom Thema aufmerksam, erinnert an das Gebot der unzensierten Assoziation, hilft bei der Formulierung erinnerter Szenen und bei der Übersetzung von Erfahrungen und Gefühlen. Im Übrigen achtet er darauf, dass die äußeren Bedingungen des Gesprächs eingehalten werden. Diese Methode hat sich für Freud schon bei zahllosen Traumdeutungen bewährt.

2.4 Paradigma: Freuds »Traum von Irmas Injektion«

2.4.1 Hinführung und Traumtext

Beim Vorhaben, seine Methode an einem praktischen Beispiel zu demonstrieren, gerät Freud in ein Dilemma: Wählt er einen Patiententraum aus, dann müsste er lange Krankengeschichten darlegen und ausführlich erklären, was Psychoneurosen sind. Nimmt er Träume von gesunden Bekannten oder aus der Literatur, dann fehlt die Möglichkeit, sie aus einem analytischen Kontext heraus verständlich zu machen. So bleibt ihm als dritte Möglichkeit nur der Rückgriff auf einen eigenen Traum. Er weiß, dass er sich damit in der Wissenschaft dem Vorwurf mangelnder Objektivität aussetzt und Gefahr läuft, sich in der Öffentlichkeit lächerlich zu machen, aber das Risiko nimmt er in Kauf: »Nach meinem Urteil liegen die Verhältnisse bei der Selbstbeobachtung eher günstiger als bei der Beobachtung anderer; jedenfalls darf man versuchen, wie weit man in der Traumdeutung mit der Selbstanalyse reicht« (Freud, 1900a, S. 109). Im Übrigen hofft er, dass das Interesse an der Sache und – beim erhofften Erfolg – die öffentliche Anerkennung mögliche voyeuristische Neigungen bei der Leserschaft übersteigen.

Wer der Entstehung eigener Träume nachspürt, findet in der Regel Freuds (und anderer) Annahme von den im Traumgeschehen identifizierbaren »Tagesresten« bestätigt. Er entdeckt Hinweise auf Begegnungen, Gesehenes, Gehörtes, Überlegungen, Gefühle, Konflikte …, die nicht weit zurückliegen. Freud hat sie im Zusammenhang mit dem »Irma-Traum« nicht im Einzelnen dokumentiert, obwohl es doch aufschlussreich gewesen wäre, zu wissen, an welche Überbleibsel sich sein Unbewusstes geheftet hat, um den Traum zu produzieren. Bei Wolfgang Mertens findet sich ein einfühlsamer Versuch, sich in Freuds Gedanken- und Gefühlswelt am Vorabend des Traums hineinzuversetzen, die mit seiner Familie (der schwangeren Ehefrau), den nicht immer einfachen Beziehungen zu befreundeten Kollegen (Josef Breuer, Wilhelm Fließ) und insbesondere mit seinem großen Projekt »Traumdeutung« zu tun haben (Mertens, 2009).

Freuds »Traum von Irmas Injektion« datiert vom 24. Juli 1895. Die Besonderheit seiner Deutungsarbeit stimmt ihn so euphorisch, dass er nach Erscheinen des Buchs von seinem Sommerhaus »Bellevue« am Rande Wiens aus seinem Freund Wilhelm Fließ schreibt: »Glaubst Du eigentlich, daß an dem Haus dereinst auf einer Marmortafel zu lesen sein wird: ›Hier enthüllte sich am 24. Juli 1895 dem Dr. Sigm. Freud das Geheimnis des Traumes‹?« (Freud, 1999, S. 458).

Freud stellt der Aufzeichnung des Traums im Buch einen kurzen »Vorbericht« (1900a, S. 110f.) voran. Daraus wird ersichtlich: Die junge Frau ist nicht irgendeine Patientin, sondern eine enge Freundin der Familie. Er weiß, dass diese Nähe für eine Therapie nicht günstig ist. Unter Freunden lässt sich nicht so leicht ein Autoritätsverhältnis herstellen – und was wird aus der Freundschaft, wenn die Behandlung ohne positives Ergebnis bleibt? Die Analyse ist immerhin teilweise erfolgreich. Irma hat ihre »hysterische Angst« verloren, aber ein paar körperliche Symptome sind immer noch nicht verschwunden. Er schlägt ihr eine »Lösung« vor, aber Irma lehnt ab. Dann kommen die Sommerferien, und die Behandlung wird unterbrochen. Ein befreundeter Arzt (im Traum »Otto«) trifft sie im Urlaub und hört von ihr, es gehe ihr besser, aber nicht richtig gut. Er berichtet Freud von Irmas Äußerung. Der hört einen Vorwurf heraus und fühlt sich gekränkt, geht dem Gefühl aber nicht weiter nach. Am Vorabend des Traums schreibt er die Krankengeschichte Irmas auf, um sie einem anderen Kollegen (im Traum »Dr. M.«) zu geben, der unter den Wiener Analytikern eine wichtige Rolle spielt. In der darauffolgenden Nacht (»gegen Morgen«) träumt Freud von »Irmas Injektion« und schreibt den Traum nach dem Erwachen nieder (1900a, S. 112):

»Traum vom 23./24. Juli 1895
Eine große Halle – viele Gäste, die wir empfangen. – Unter ihnen Irma, die ich sofort beiseite nehme, um gleichsam ihren Brief zu beantworten, ihr Vorwürfe zu machen, daß sie die ›Lösung‹ noch nicht akzeptiert. Ich sage ihr: Wenn du noch Schmerzen hast, so ist es wirklich nur deine Schuld. – Sie antwortet: Wenn du wüßtest, was ich für Schmerzen jetzt habe im Hals, Magen und Leib, es schnürt mich zusammen. – Ich erschrecke und sehe sie an. Sie sieht bleich und gedunsen aus; ich denke, am Ende übersehe ich da doch etwas Organisches. Ich nehme sie zum Fenster und schaue ihr in den Hals. Dabei zeigt sie etwas Sträuben wie die Frauen, die ein künstliches Gebiß tragen. Ich denke mir, sie hat es doch nicht nötig. – Der Mund geht dann auch gut auf, und ich finde rechts einen großen weißen

Fleck, und anderwärts sehe ich an merkwürdigen krausen Gebilden, die offenbar den Nasenmuscheln nachgebildet sind, ausgedehnte weißgraue Schorfe. – Ich rufe schnell Dr. M. hinzu, der die Untersuchung wiederholt und bestätigt ... Dr. M. sieht ganz anders aus als sonst; er ist sehr bleich, hinkt, ist am Kinn bartlos ... Mein Freund Otto steht jetzt auch neben ihr, und Freund Leopold perkutiert sie über dem Leibchen und sagt: Sie hat eine Dämpfung links unten, weist auch auf eine infiltrierte Hautpartie an der linken Schulter hin (was ich trotz des Kleides wie er spüre) ... M. sagt: Kein Zweifel, es ist eine Infektion, aber es macht nichts; es wird noch Dysenterie hinzukommen und das Gift sich ausscheiden ... Wir wissen auch unmittelbar, woher die Infektion rührt. Freund Otto hat ihr unlängst, als sie sich unwohl fühlte, eine Injektion gegeben mit einem Propylpräparat, Propylen ... Propionsäure ... Trimethylamin (dessen Formel ich fettgedruckt vor mir sehe) ... Man macht solche Injektionen nicht so leichtfertig ... Wahrscheinlich war auch die Spritze nicht rein.«

2.4.2 Traumanalyse

Zumindest in der sprachlichen Fassung, die der Autor seinem Traum gegeben hat (wir erfahren nicht, ob das Traumnotat und die fünf Jahre später veröffentlichte Version identisch sind), erinnert mich die Szene an den Beginn einer (komischen) Oper: Der Vorhang öffnet sich. Im Entree eines herrschaftlichen Hauses bewegen sich Festgäste im Gespräch. Der Herr des Hauses, ein bekannter Arzt, tritt auf. Er erkennt eine junge Patientin, die über Schmerzen klagt. Er denkt nicht mehr daran, dass es eigentlich um den Geburtstag seiner Frau geht, nimmt sie beiseite und redet eindringlich und vorwurfsvoll auf sie ein. Sie soll den Mund öffnen. Dabei ziert sie sich und gibt schließlich nach. Er schaut ihr in den Rachen und scheint etwas Auffälliges entdeckt zu haben. Drei andere Ärzte kommen hinzu. Sie fangen an, die Frau durch die Kleidung hindurch abzutasten, abzuklopfen und abzuhören. Lebhaft diskutieren sie ihre Diagnosen und die Heilungsaussichten – vom Arzt der Patientin misstrauisch beobachtet und kommentiert ...

Freud weiß unmittelbar, worauf sich der Traum bezieht. Vor allem die Abfassung der Krankengeschichte Irmas bis in die Nacht hinein, meint er, habe seine Psyche weiterbeschäftigt. Das ist der einzige Tagesrest, den er benennt. Er wundert sich nur darüber, dass Irma über Schmerzen klagt, die in der Behandlung gar keine Rolle gespielt haben. Die Idee einer Injektion mit Propionsäure/Trimethylamin kommt ihm leichtfertig vor und unsinnig die Prognose des »Dr. M.«, »das Gift« werde (wie bei einer Ruhrerkrankung) durch den Darm ausgeschieden (»Dysenterie«). Was eigentlich hinter dem Traum steckt, weiß er noch nicht. Das will er nun herausfinden (Freud, 1900a).

Der Träumer folgt seiner eigenen Empfehlung zum Anfang der Traumanalyse und teilt die Niederschrift in 21 Abschnitte ein (Freud, 1900a, S. 113 ff.). Die eingangs beschriebene Örtlichkeit und die versammelte Gesellschaft bezieht er auf die gemeinsamen Planungen zur Feier des Geburtstags seiner Frau. Selbstverständlich sollte auch Irma kommen. Sie gehört zu einer befreundeten Familie. Damit ist das Auftauchen dieses »Tagesrests« geklärt. Der aber steht nicht für sich, sondern ist nur der Türöffner für das eigentliche Thema. Es wird mit dem zweiten Satz eingeläutet: »Ich mache Irma Vorwürfe ...« Die Verantwortung für den unbefriedigenden Erfolg der Behandlung liegt keinesfalls bei ihm, sondern bei ihr, weil »sie die Lösung nicht akzeptiert hat«. Und wenn es ihr körperlich schlecht geht, so ist das nicht seine Sache. Er hatte sich ja ausschließlich um ihre seelische Gesundheit zu kümmern. Rasch findet er noch weitere Schuldige: »Dr. M.« mit seinem billigen Trost (»es macht nichts«), seiner lachhaften Diagnose (»Infektion«) und der Annahme, das Gift könne durch den Darm ausgeschieden werden (»Dysenterie«), und dann »Freund Otto«, der nicht nur ein sinnloses Präparat spritzt (»Propionsäure«), sondern vermutlich auch noch eine »unreine« Spritze verwendet hat. Freud beobachtet an sich selbst, wie er immer stärkere Geschütze auffährt, damit nur ja kein Makel an ihm hängen bleibt. Wenn er alle Details des Traums bündelt, führt ihn das zu seiner zentralen These, mit der er die Traumtheorie revolutionieren will: »Der Traum stellt einen gewissen Sachverhalt so dar, wie ich ihn sehen möchte; *sein Inhalt ist also eine Wunscherfüllung, sein Motiv ein Wunsch«* (1900a, S. 123; Hervorh. im Original).

Seine Hände in Unschuld waschen zu können ist der dringliche Wunsch des Träumers Freud im konkreten Fall. Der Wissenschaftler Freud fragt verallgemeinernd weiter: Welche Wünsche sind überhaupt stark genug, um Träume zu generieren? Er zählt vier Möglichkeiten auf: 1. Wünsche, die am Tag aufgetaucht sind, aber nicht befriedigt werden konnten; 2. Wünsche, die am Tag aufkamen, deren Erfüllung aber vom Träumer verworfen wurde; 3. unbefriedigte Wünsche, die nichts mit dem Tagesleben zu tun haben, sondern den Menschen seit Kindeszeiten unbewusst begleiten; 4. Wünsche, die sich in der Nacht bemerkbar machen wie körperliche Bedürfnisse (Hunger und Durst) oder das Bedürfnis nach sexueller Befriedigung (1900a, S. 558 f.). Allerdings, so vermutet er, kann der durch Tagesaktualitäten angeregte Wunsch nur dann einen Traum hervorbringen, *»wenn es ihm gelingt, einen gleichlautenden unbewußten zu wecken, durch den er sich verstärkt«* (S. 558; Hervorh. im Original). Das aber heißt, dass das gesamte Traumleben aus einem Pool unbewusster Wünsche gespeist wird. Wolfgang Mertens nennt sie die »unsterblichen Kinderwünsche« (2009, S. 33). Der harmlos klingende Ausdruck darf nicht darüber hinwegtäuschen, dass sich dahinter neben dem lebensnotwendigen Verlangen nach Versorgung, Sicherheit, Anerkennung, Nähe, Liebenkönnen und Gerechtigkeit auch die durch die Kultur unter Verschluss gehaltenen und tabuisierten atavistischen Bedürfnisse nach unbegrenztem Haben, nach Unterwerfung anderer, nach Rache und Destruktion verbergen (vgl. Beland, 1999) – eben all das, was das ungezähmte Es als Gefäß der Triebregungen beinhaltet.

Freud stößt bei der Analyse des Irma-Traums auf einige Merkwürdigkeiten, denen er später bei der Beschreibung der »Traumarbeit« unter den Begriffen »Verdichtung« und »Verschiebung« nachgehen wird. Zu Ersterem: Je mehr der Träumer seinen Assoziationen folgt, desto mehr öffnet sich ein ganzes Universum von Erinnerungen an Erfahrungen und Begegnungen, auch von solchen, »deren Beziehung zu meiner Entlastung von Irmas Krankheit nicht so durchsichtig ist […]. Doch wenn ich all das ins Auge fasse, fügt es sich zu einem einzigen Gedankenkreis zusammen, etwa mit der Etikette: Sorge um die Gesundheit, eigene und fremde, ärztliche Gewissenhaftigkeit« (Freud, 1900a, S. 125). Zu Letzterem: Der Träumer erkennt die auftretenden Personen zwar wieder, aber sie erscheinen in veränderter Gestalt. Seine Patientin Irma sieht in Wirklichkeit nicht »gedunsen« aus, sondern hat eine gesunde Gesichtsfarbe. Wahrscheinlich, so vermutet er, schiebt er ihr eine andere Person unter. Auch in die »Freunde« (»Dr. M.«, »Otto«, »Leopold«) mischen sich andere Gestalten aus Verwandtschaft und Bekanntschaft, mit denen ihn ähnlich zwiespältige Gefühle verbinden. Warum macht der Traum so ein Geheimnis aus seinem Motiv? Warum verschleiert er es gleichsam bis in Bühnenbild, Ausstattung, Maske und Personenregie hinein und woher nimmt der Traum sein Material (vgl. Freud, 1900a, S. 127 f.)?

2.5 Schritte der »Traumarbeit«

Wenn die Wissenschaft »göttliche Eingebungen« als Traumursache nicht anerkennt und der Einfluss biologisch-physiologischer Reize relativiert werden muss, dann kann der Traum nur mit der Geschichte des Träumers zu tun haben. Was also verbirgt sich hinter den »latenten Traumgedanken«? Wer diese Frage beantworten will, muss den Deutungsprozess umkehren und bei seinen Auslösern beginnen. Freud hat seinen Weg zurück vom »manifesten« Irma-Traum bis zum »latenten Traumgedanken« (»Ich will keinesfalls schuld sein!«) auf wenigen Seiten beschrieben. Der Aufklärung über den Weg, den umgekehrt die »Traumgedanken« zum »manifesten Traum« genommen haben, dient seine mehrere hundert Seiten umfassende Abhandlung (1900a, S. 139 ff., 283 ff.).

Die Stufen der »Traumarbeit« lassen sich folgendermaßen darstellen:

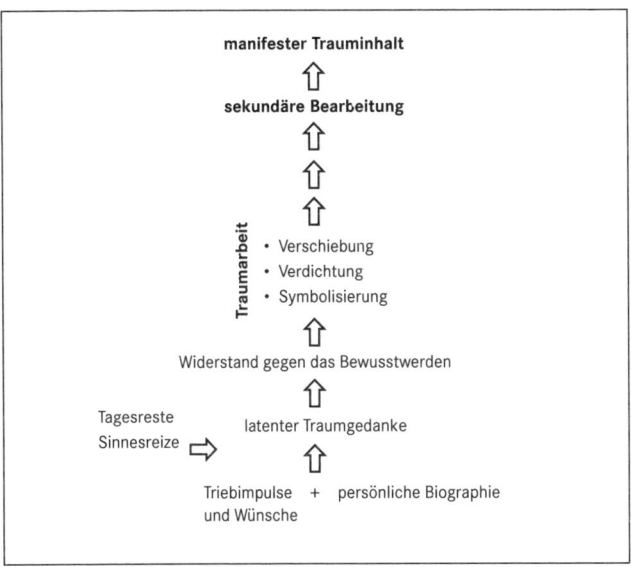

Stufen der Traumarbeit nach Sigmund Freud (modifizierte Grafik nach Wolfgang Mertens, 2009, S. 49)

Erläuterung:
1. Der Begriff »Traumarbeit« meint nicht die analytische Arbeit am Traum, sondern »jenes Stück Arbeit, welches die unbewußten Gedanken in den Trauminhalt verwandelt« (Freud, 1900a, S. 511). Nicht der Träumer arbeitet also, sondern »es arbeitet in ihm«: »Spezifisch für den Freudschen Arbeitsbegriff ist, dass er intrapsychische Vorgänge erfasst und zu einem psychischen Apparat in Beziehung gesetzt wird, der die Energie, die er enthält, verteilt und umwandelt« (Deserno, 1999, S. 16; vgl. Wegener, 2016a). Im Fall des Irma-Traums geschieht diese Arbeit an und mit einem »Material«, das aus Freuds Lebensgeschichte, den unmittelbar vorausgehenden Erlebnissen und Erfahrungen (»Tagesreste«), Reizen, die vom Körper ausgehen, und, als verbindende Konstante, aus den unerfüllten Wünschen der frühen Biografie besteht.

2. In diesem ins Bewusstsein drängenden Konglomerat verbirgt sich das, was Freud den »latenten Trauminhalt« oder die »Traumgedanken« nennt (1900a, S. 283). Die hier wirksam werdende Energie stammt aus den Triebregungen, die im Unbewussten verborgen sind. Um zu veranschaulichen, was er unter »Traumgedanken« versteht, verfährt er weniger definitorisch als additiv und bildlich. Er spricht von einem »Komplex von Gedanken und Erinnerungen vom allerverwickeltsten Aufbau mit allen Eigenschaften der uns aus dem Wachen bekannten Gedankengänge« (S. 316). Sie »stehen [...] in den mannigfaltigsten logischen Relationen zueinander« (S. 316 f.). Die Traumarbeit unterwirft sie »wie treibendes Eis« einer »Pressung« (S. 317). Dahinter vermutet Freud eine Zielsetzung: Die Traumgedanken sollen nach Möglichkeit nicht bewusst werden, weil sie sonst das Triebhafte des Subjekts unmaskiert zeigen, peinliche Gefühle hervorrufen, auf ungelöste Konflikte aufmerksam machen, Selbsteinschätzungen bedrohen, aufgeschobene Entscheidungen erzwingen und Beziehungsarrangements stören können. Diese Gefahr muss abgewehrt werden. Der »Abwehr« dient die »Zensur« (S. 148 ff.). Sie kann die psychische Energie, die den Wunsch bildet, zwar nicht eliminieren, aber sie kann ihn so maskieren und deformieren, dass seine Kraft nicht ausreicht, um den Schlaf zu unterbrechen – »*Der Traum ist der Wächter des Schlafes, nicht sein Störer*« (S. 239; Hervorh. im Original) –, und dass der Wunsch nicht sofort kenntlich ist, wenn er im Bewusstsein ankommt (S. 149). In seinem Modell vom »Schauplatz der Träume« (S. 541) veranschaulicht Freud das Gemeinte noch einmal auf andere Weise: Er postuliert zwei Instanzen, von denen die eine dafür sorgt, dass bestimmte Inhalte nicht bewusst werden. Sie muss nähere Beziehungen zum Bewusstsein haben als die kritisierte und »steht zwischen dieser und dem Bewußtsein wie ein Schirm« (S. 545). Freud nennt diese Instanz das »Vorbewußte« (S. 546). Ihre Bedeutung für die Traumbildung hat er bereits unter »Zensur« beschrieben: Was auch immer vom Unbewussten ins Bewusstsein gelangen

will, muss eine Kontrollinstanz durchlaufen und wird dabei entweder unterdrückt oder deformiert.
3. Das erste Instrument zur »Entstellung« der Traumgedanken ist die »Darstellung durch Symbole« (Freud, 1900a, S. 355 ff.), also die Übersetzung des »Gedankenmaterials« in eine Bildsprache. Symbole treten an die Stelle eines Objekts oder eines Sachverhalts (z. B. Krone = Herrschaft). Worauf das Symbol verweist, liegt in der Regel auf der Hand oder kann ohne Mühe rekonstruiert werden. In Subkulturen dienen Symbole dem gegenseitigen Erkennen der Mitglieder, in Geheimbünden auch dem versteckten Informationsaustausch. Die Besonderheit des psychoanalytischen Symbolbegriffs liegt in der »Unbewusstheit des Verweisungszusammenhangs und seiner Verankerung im intrapsychischen Konflikt« (Löchel, 2014, S. 923; vgl. Benedetti, 2006). (So verdeckt im Irma-Traum »Dr. M.« mit seiner Spritze einen möglichen Behandlungsfehler, wenn nicht gar ein sexuelles Begehren des Träumers.) Auch wenn für Freud die »entstellende« Funktion des Traumsymbols unstrittig ist, so kennt er doch die Gefahr von Kurzschlüssen »zwischen dem Symbol und dem Eigentlichen, für welches es eintritt« (1900a, S. 356). Seine Skepsis hindert ihn aber nicht daran, selbst einen ganzen Katalog »gesicherter« Traumsymbole aufzustellen, ohne auf den hypothetischen Charakter der Verweisungszusammenhänge hinreichend deutlich aufmerksam zu machen.
4. Der erinnerte Traum mag nach dem Erwachen noch so aufregend und reichhaltig erscheinen – er ist nur noch der entstellte, kümmerliche Rest der Traumgedanken. Der Verlust an Quantität geht mit einer Veränderung der Qualität bis zur Unkenntlichkeit einher. Verantwortlich dafür ist ein Prozess innerhalb der Traumarbeit, den Freud »Verdichtung« (an anderen Stellen »Kompression« oder »Kondensation«) nennt (1900a, S. 284 ff.). Bestimmte Partikel des unbewussten Materials werden hervorgehoben, andere ausgelassen, wieder andere übereinandergeschichtet oder zusammengefügt. Damit erhöhen sich ihre visuelle Ausdrucksstärke und die sinnliche Intensität. Mit Blick auf den Irma-Traum zeigt Freud,

welche anderen Personen in die Protagonisten des Traums eingegangen sind. Nicht nur Irma ist ein »Sammelbild« oder eine »Sammelperson« (S. 299). Ähnliche Verschachtelungen beobachtet er auch bei Wörtern und Namen, die im Traum vorkommen. Das Ausmaß der Verdichtung wird seiner Einschätzung nach leicht unterschätzt. Das Ergebnis der Deutungsbemühungen bleibt also vorläufig: »Wir haben bereits anführen müssen, daß man eigentlich nie sicher ist, einen Traum vollständig gedeutet zu haben; selbst wenn die Auflösung befriedigend und lückenlos erscheint, bleibt es doch immer möglich, daß sich noch ein anderer Sinn durch denselben Traum kundgibt« (S. 285).

5. Die »Verdichtung« war der erste »Werkmeister« der »Zensur« (1900a, S. 310), mit der »Verschiebung« kommt der zweite ins Spiel. Indem er den Schwerpunkt des Traums verlagert, hat er wesentlich Anteil daran, dass der Träumer von den latenten Inhalten abgelenkt wird und »auf andere Gedanken kommt«. Was von den Traumgedanken her wichtig wäre, erscheint auf einmal belanglos, Nebensächliches wird hochgespielt und emotional besetzt (S. 310). Die Traumarbeit agiert hier wie ein Dirigent, der bei der Aufführung einer klassischen Sinfonie die Seitenthemen dominieren lässt und die in der Partitur vorgeschriebenen Tonstärken umkehrt, sodass ein Klangbild entsteht, hinter dem die Komposition nicht mehr zu erkennen ist. Das Verschiebungsmanöver legt nicht nur eine falsche Folie über die Traumgedanken, sie erzeugt auch Affekte an der falschen Stelle. Wenn Freud im Irma-Traum zwar die Verdichtung, nicht aber die Verschiebung am Werk sieht, so ignoriert er möglicherweise, dass ihm die Traumarbeit den Wunsch, an Irmas schlechtem Zustand nicht schuld zu sein, untergeschoben hat, um ihn von einer erotischen »Affektion« durch die 21-Jährige abzulenken. Freud hat wohl Einwände dieser Art erwartet, als er schrieb: »Ich kenne selbst die Stellen, von denen aus weitere Gedankenzusammenhänge zu verfolgen sind; aber Rücksichten, wie sie bei jedem eigenen Traum in Betracht kommen, halten mich von der Deutungsarbeit ab« (S. 126).

6. Jeder Träumer kann eine grobe Unterscheidung treffen zwischen erinnerten Traumfetzen aus einem größeren Gewebe (Bild, Klang, Wort, Dialogschnipsel, Aktion, erschreckendes Ereignis …), verworrenen Szenen (ungeordnete Assoziationen, unlogische Verknüpfungen …) und Träumen, die so »*gut komponiert*« (Freud, 1900a, S. 680) sind, dass sie den Eindruck erwecken, sie müssten »*Rücksicht auf Verständlichkeit*« (S. 679; Hervorh. im Original) nehmen. Die hier wirksame »sekundäre Bearbeitung« (S. 492 ff.) stellt aus dem Material des Traums eine Einheit her (S. 185 f.). Das geschieht in einer späten Phase des Traumgeschehens, in der das Ich kurz vor dem Erwachen beginnt, den Traum bewusst wahrzunehmen und zu überprüfen (Freud, 1933a, S. 21). Der Irma-Traum gehört (mit annähernd hundert weiteren Träumen, die Freud in der »Traumdeutung« präsentiert) zu diesen kurzprosaartigen Kompositionen, denen die »sekundäre Bearbeitung« ihre Geschlossenheit verliehen hat.
7. Der »manifeste Traum«, so lässt sich resümieren, hat eine Geschichte der mehrfachen Entstellung hinter sich. Im Gedächtnis bleiben vor allem jene Elemente, die mit heftigen Emotionen verbunden sind und die auf den Träumer »bizarr« wirken: »Diese Bizarrheit betrifft erstens die Inkongruenz des Inhalts: Dinge und Erlebnisse passen irgendwie nicht oder nicht richtig zusammen […]. Zweitens ist die Diskontinuität des Geschehens auffällig […]. Und drittens herrscht eine kognitive Unschärfe vor: Ich kann etwas nicht richtig erkennen und verstehen; alles ist wie durch einen Schleier, eine Person spricht in einer uns unbekannten Sprache« (Roth, 1997, S. 244). Durch diese Auffälligkeiten gibt er vor, das zu zeigen, worum es geht. Für Freud bleibt der manifeste Traum in seiner Bedeutung weit hinter dem latenten Inhalt zurück: »Traumgedanken und Trauminhalt liegen vor uns wie zwei Darstellungen desselben Inhaltes in zwei verschiedenen Sprachen, oder besser gesagt, der Trauminhalt erscheint uns als eine Übertragung der Traumgedanken in eine andere Ausdrucksweise […]. Der Trauminhalt ist gleichsam in einer Bilderschrift gege-

ben, deren Zeichen einzeln in die Sprache der Traumgedanken zu übertragen sind. Man würde offenbar in die Irre geführt, wenn man diese Zeichen nach ihrem Bilderwert anstatt nach ihrer Zeichenbeziehung lesen wollte« (1900a, S. 284).

Der Traum von Irma ist der Traum eines Erwachsenen, wie sich auch der ganze Aufwand der Traumdeutung und Traumrekonstruktion, den Freud in diesem Zusammenhang betreibt, auf Erwachsenenträume bezieht. Nur sie erscheinen ihm hinlänglich »*befremdend*« (1900a, S. 655), wenn nicht gar »*verworren und sinnlos*« (S. 656; Hervorh. im Original), sodass es sich lohnt, den manifesten Traum durch einen Traumgedanken zu ersetzen. Kinderträume dagegen seien sofort verständlich. Bei ihnen fielen manifester und latenter Inhalt zusammen. Damit entfalle die Traumarbeit. Als Beispiel führt er einen Traum seiner 19 Monate alten Tochter Anna an, die nach einem medizinisch verordneten Hungertag (das Kind hatte am Vortag zu viele Erdbeeren gegessen) im Schlaf gelallt habe: »Erd(b)eer, Hochbeer, Eier(s)peis, Papp« (S. 657). Das Gemeinsame an Kinderträumen sei: »Sie erfüllen sämtliche Wünsche, die am Tage rege gemacht und unerfüllt geblieben sind. Sie sind einfache und unverhüllte Wunscherfüllungen« (S. 658).

2.6 Kritik an Freuds Deutung des Irma-Traums

Freuds Umgang mit seinem eigenen Traum hat zahlreiche Nachinterpretationen provoziert. Sie haben ihrerseits wieder kontroverse Diskussionen ausgelöst (Übersicht bei Mertens, 2009; vgl. Reicheneder, 2017; Boothe, 1994). Ich wähle zwei zeitlich weit auseinanderliegende Beispiele aus:

Eine Vertiefung von Freuds Deutung, auf die später andere Autoren zurückgegriffen haben, bietet 1954 der amerikanische Psychoanalytiker Erik H. Erikson (1954/1999, S. 72 ff.). Ihm fällt auf, dass Freud bei seiner Interpretation in mindestens zweifacher Hinsicht inkonsequent verfährt. 1. Was Freud als Bestätigung seiner These vom Traum als Wunscherfüllung ansieht, bleibt bei der aktuellen Schuldverleugnung stehen und geht nicht zu den »infantilen Quellen« (S. 79) zurück, also zu den Bedürfnissen nach uneingeschränkter Sexualität, Überlegenheit und Destruktion. Dafür hätte es genügend Anhaltspunkte im manifesten Traum gegeben. 2. Das Thema »Sexualität« (S. 79) wird von Freud eher kryptisch als offen abgehandelt, erkennbar daran, dass er alle interaktiven und sprachlichen Zweideutigkeiten übergeht und damit seine Gegenübertragung ausgeblendet (S. 103 ff.; Freud, 1974a; Freud u. Abraham, 2009; vgl. Hierdeis, 2010). Auch hier beachtet Freud bestimmte Elemente der manifesten Szene (Sprache, Interaktionen) nicht. Erikson liest Traum und Deutung als Dokument einer »Krise« (1954/1999, S. 107): Die Befürchtung Freuds, von der Ärzteschaft verkannt zu werden, schlägt um in die Herabsetzung der Ärzte im Traum. Über die Bedeutung der zur Zeit des Irma-Traums diskutierten medizinischen Forschung für Freud und seine Traumdeutung, deren Begrifflichkeiten im manifesten Traum aufscheinen, vermag Erikson, wie er eingesteht, nicht kompetent zu urteilen, weil er nicht weiß, »welche anatomischen, chemischen und therapeutischen Nebenbedeutungen die Körperteile und Krankheitssyndrome, die in dem Traum vorkommen, in der damaligen Zeit hatten« (S. 89).

Diese Lücke will die psychoanalytische und medizinhistorische Abhandlung von J. G. Reicheneder (2017) schließen. Er sieht Freud im Jahr des Irma-Traums (1895) in einer bedrohlichen Situation insofern, als er mit seiner Methode der Neurosenheilung durch ein assoziatives Verfahren innerhalb der Ärzteschaft allein dasteht (auch sein Freund Josef Breuer hat sich zurückgezogen) und um seine Reputation fürchtet. In dieser Lage fällt ihm der genannte Traum gleichsam zu, und er deutet ihn, indem er sich von seinen Assoziationen leiten lässt – mit dem bekannten Ergebnis der Wunscherfüllung. Methodische und theoretische Innovation fließen in seiner Auslegung zusammen. Wie Erikson, so entdeckt auch Reicheneder im Irma-Traum Elemente und Passagen, die Freud nur aufgegriffen hat, um seine These zu stützen, die aber nicht seine ganze Involviertheit offenlegen. Reicheneder nutzt in seiner Untersuchung jene Elemente des manifesten Traums, die sich auf die modernsten zeitgenössischen Entwicklungen der medizinischen Forschung beziehen – Signale dafür sind die Begriffe Injektion, Infektion, Dysenterie –, als Ausgangspunkte für die freien Einfälle des Träumers und ergänzt sie um die Hinweise Freuds, die sich aus dessen mitgeteilten Einfällen weiter ergeben. Das sind die Krankheitsbezeichnungen Tuberkulose, Diphtherie und Pyämie. Reicheneder hält ein solches Verfahren für gerechtfertigt, weil Freud diese Entwicklungen kannte und sich mit ihnen öffentlich auseinandersetzte. Außerdem geben sie sich durch ihr Auftauchen im manifesten Traum als Tagesreste zu erkennen. Der Träumer hat sie allerdings nicht als solche gewürdigt. Er hat auch übersehen (oder zumindest nicht offen eingestanden), dass sein Wunsch, am Zustand Irmas nicht schuld zu sein, von dem vielleicht noch stärkeren Bedürfnis nach Anerkennung in der Wissenschaft überlagert gewesen sein könnte.

2.7 Freuds Rückschau

Für Freud hat die Traumdeutung ihr Gewicht als Grundlegung der »Tiefenpsychologie« durch ein neues Konzept von Struktur und Funktion der menschlichen Psyche und als »Urschrift« eines psychotherapeutischen Verfahrens behalten, das seinesgleichen sucht. Nach dreißig Jahren kann er feststellen: Sie ist in der Wissenschaft bekannt geworden, und viele Menschen haben das Buch gelesen, allerdings ohne es recht verstanden zu haben. Außerdem gibt es »die vielen Psychiater und Psychotherapeuten, die an unserem Feuer ihre Süppchen kochen – ohne übrigens recht dankbar für die Gastfreundschaft zu sein« (1933a, S. 7). Auch die eigene Zunft verschont er nicht mit seiner Kritik: »Die Analytiker benehmen sich, als hätten sie über den Traum nichts zu sagen, als wäre die Traumlehre abgeschlossen« (S. 7). Mit spürbarer Unlust erklärt er noch einmal, was deren Besonderheit ausmacht: der Traum als Wunscherfüllung; die Unterscheidung zwischen latenten Traumgedanken und manifestem Traum; die Auflösung von

Traumerzählungen in kleine Episoden, semantische Bruchstücke und Affekte; die Bedeutung der assoziativen Arbeit am Detail; die Traumarbeit mit ihrer entstellenden Dynamik; die Rolle von Widerstand, Abwehr und Zensur, um Unerwünschtes vom Bewusstsein fernzuhalten; die Erfordernis einer sensiblen Aufmerksamkeit für zögerliche oder Umwege suchende Assoziationen; der Nutzen des Traums für die Sicherung des Schlafs, weil die psychische Erregung über unschädliche halluzinatorische Erlebnisse abgeführt werden kann; die Verwandlung von verdrängten Triebregungen in Sinnesbilder und visuelle Szenen. Stolz verweist er auf experimentelle Forschungen, die seine Annahmen bestätigen.

Eine Einschränkung lässt Freud zu: Die oftmalige Wiederholung traumatischer Szenen in Träumen ist mit der Annahme einer Wunscherfüllung unvereinbar. So relativiert er den »Traum als Wunscherfüllung« zum Traum als »*Versuch* einer Wunscherfüllung. […] Unter bestimmten Verhältnissen kann der Traum seine Absicht nur sehr unvollkommen durchsetzen oder muß sie überhaupt aufgeben; die unbewußte Fixierung an ein Trauma scheint unter diesen Verhinderungen der Traumfunktion obenan zu stehen« (1933a, S. 30 f.; Hervorh. im Original). Der Gedanke, dass die Wiederholung von Traumata im Traum auch eine deeskalierende Funktion haben könnte, war ihm noch nicht zugänglich.

3 Traum und Traumverständnis nach Freud

Für die Erweiterung und Modifikation des Traumverständnisses in der Zeit nach Freud sind zwei Entwicklungen maßgeblich: die Relativierung und Ausdifferenzierung der Traumtheorie in der Psychoanalyse selbst und die empirische Traumforschung, die zunehmend auch innerhalb der Psychoanalyse bzw. in Kooperation mit anderen Disziplinen praktiziert wird.

3.1 Ausdifferenzierung innerhalb der Psychoanalyse: Alfred Adler und Carl Gustav Jung

Die Erweiterung des Traumverständnisses in der Psychoanalyse hat zunächst mit Sezessionsbewegungen zu tun (vgl. Battegay u. Trenkel, 1987). Zwei Schüler Freuds, Alfred Adler und Carl Gustav Jung, trennen sich von ihm und gründen eigene Schulen (»Individualpsychologie«; »Analytische Psychologie«). Auch in ihren Auffassungen vom Traum grenzen sie sich vom »Vater der Psychoanalyse« ab. Beide übernehmen zwar die assoziative Methode, aber bei beiden steht der manifeste Traum im Mittelpunkt der Traumanalyse. Adler sieht in den Träumen ein Streben nach Überlegenheit, Macht und Herrschaft am Werk und nicht, wie Freud, verdrängte Triebe, schon gar nicht solche sexueller Natur. Die Traumszenen enthalten für ihn Anhaltspunkte für die Zukunft des Träumers, die in seinem »Lebensstil« und in den vorausgegangenen Erfahrungen zu suchen sind. Im Deutungsprozess liegt der Schwerpunkt auf der Selbstanalyse des Träumers (Adler, 1913/2014).

Für Jung sind Träume verkappte Selbstdarstellungen des menschlichen Geistes. In den Bildern des manifesten Traums tauchen »Archetypen des Geistes« auf, wie sie die Menschheitsgeschichte in allen Kulturen hervorgebracht hat (erkennbar z. B. in Mythen und Märchen): Vater- und Mutterfiguren, Kind- und Jünglingsfiguren, alte weise Männer und Frauen, Gnomen, sprechende Tiere, Elemente wie Wasser, Erde, Wind, Feuer. Oft besteht ihre Rolle darin, dem Träumer Rätsel über die moralische Bewertung seiner Handlungen aufzugeben. An dem, was im Traum geschieht, kann der Träumer ablesen, wie es um seine Gefühlswelt und seine Entwicklung bestellt ist (Jung, 1928/2011; vgl. Ermann, 2005).

3.2 Der Traum als Text

Freuds Niederschrift des Irma-Traums war dem besonderen Umstand der öffentlichen Aufarbeitung und Theoretisierung geschuldet. In der psychoanalytischen Beziehung ist die mündliche Traumerzählung der Normalfall; denn es geht nicht nur um den Text an sich, sondern auch um seine Präsentation gegenüber einem Menschen, der zuhört und der sie allein durch seine reale Präsenz und seine Anwesenheit in der Phantasie des Patienten beeinflusst. Der »geträumte Traum« ist nicht mehr greifbar. Freud stellt daher fest, dass man »in der Traumforschung nicht einmal des Objekts sicher« sei (1916–17a, S. 80). Folglich habe »das, was der Träumer erzählt, […] als sein Traum zu gelten, ohne Rücksicht auf alles, was er vergessen oder in der Erinnerung verändert haben mag« (1916–17a, S. 81; vgl. Wegener, 2016b). Während wir bei jeder sonstigen persönlichen Mitteilung das für die Übermittlung gedachte Gedankenmaterial so lange hin- und herwenden und ordnen können, bis es der Sache und dem Adressaten zu entsprechen scheint, ist das beim Traummaterial nicht möglich. Es ist nicht nur »entstellt«, »verzerrt« und »unverständlich«, sondern auch teilweise »verschollen« (Hamburger, 1999, S. 298) und stets in Gefahr, ganz verloren zu gehen. Dabei wird die Arbeit des Verstehens nicht nur durch die »raffinierte Zeitstruktur und Spannungsdramaturgie« (S. 298) der Erzählung, sondern auch noch durch innere Wächter (»Abwehr«, »Zensur«) erschwert. Wer auch immer sich mit dem Traum auseinandersetzt, der Therapeut, der Forscher oder der Träumende selbst, der seinen Traum verstehen will: Er begegnet ihm als »verbale Beschreibung«, als »präsentierte Erzählung«, als »Text«, aus dem »nur mittelbar […] ein dahinterliegendes Bild oder, genau genommen, mehrere Überlieferungsschichten dieses Bildes, die ihrerseits wieder stark textuellen Charakter haben«, erschlossen werden können (S. 298). Das trifft nicht nur für den Traum zu: Jede Erinnerung ist vom Vergessen bedroht, und niemals ist das Erzählte im vollen Umfang das Erinnerte, und allein schon die Versprachlichung von Erfahrung geht mit Substanzverlusten und -veränderungen einher (vgl. Moser u. von Zeppelin, 1999). Aber speziell im Fall des Traums führt der Weg von der Sinnlichkeit ins Bewusstsein, von den sinnlich-symbolischen Interaktionsformen zur Sprache (vgl. Lorenzer, 1986), über ein Terrain, auf dem etliches vom Transportgut des Traums verloren geht (Hierdeis, 2008).

Der »Traumtext« entsteht aus der Erinnerung an den Traum und wird im Gespräch zum Gegenstand einer gemeinsamen Deutungsbemühung. Der Traumerzähler hat die Bilder zunächst in einen »Merktext« für sich übersetzt. Diese Version wird zwischen ihm und dem Analytiker zum »Verständigungstext«. Ihm auf den Grund (der Traumgedanken) zu gehen setzt voraus, dass zwischen beiden Seiten eine gewisse »Gemeinsamkeit der Bedeutungen« (Lorenzer, 1973, S. 90) besteht. Das führt zu einer Verbindung zwischen Traum und Sprache, von der Freud zu Beginn des 20. Jahrhunderts noch keine so deutlichen Vorstellungen haben konnte. Seine Annahme, der Traum sei im Wesentlichen körperhaft-sinnlich-bildlich-affektiv determiniert, ist durch die Sprach- und Entwicklungstheorien der Gegenwart präzisiert worden.

Wir gehen wie selbstverständlich davon aus, dass Erzähler und Zuhörer sich über den Traum verständigen können. Schließlich ist die Sprache, derer sie sich bedienen, sozial vermittelt, das heißt über

Beziehungen erlernt worden. Der Traum wird aber nicht erst im Prozess des Erzählens, Zuhörens und gemeinsamen Erwägens zum »kommunikativen Akt« (Hamburger, 1999, S. 326). Mit seinen Zeichen (mit seiner Sprache) richtet er sich zuallererst an die Person des Träumers. Damit stehen sich in ihm zwei psychische Strukturen und zwei Zeichensysteme gegenüber, die zueinanderfinden müssen: die der »Wünsche« und die der »Gedanken« (vgl. zum Folgenden Hamburger, 1999, S. 189 ff.):

- Damit, wie Freud postuliert, infantile Wünsche den Traum motivieren können, muss die Erfahrung einer Befriedigung vorliegen. Ohne sie ist ihre halluzinatorische Besetzung nicht möglich.
- Die Befriedigungserfahrung muss zu einem späteren Zeitpunkt tabuisiert worden sein, sonst wäre der Wunsch bewusst und seine halluzinatorische Besetzung nicht nötig.
- Traumwünsche müssen also Anschluss an frühkindliche Wünsche finden, die als Halluzinationen repräsentierbar sind.
- Die frühesten Erfahrungen mit Wunscherfüllung und Enttäuschung sind in einem prozeduralen oder episodischen Gedächtnisspeicher abgelegt.
- Über ihm baut sich mit dem Fortschreiten der kindlichen Entwicklung ein sprachlich oder sprachanalog organisierter Gedächtnisspeicher auf.
- Aus bildhaft gespeicherten Episoden wird fortlaufend ein abstraktes und von Affekten entlastetes Gedächtnis über diese Episoden entwickelt.
- Das abstrakte Gedächtnis speichert die sozial erlernten semantischen und syntaktischen Regeln ab. Dabei werden die vom Primärprozess gesteuerten regelverletzenden Eigenarten des Traums ausgeschieden.
- Im Traum jedoch gibt der Träumer die Bindung an die interpersonell festgelegten Sprachregeln auf und kehrt zu einer Privatsprache zurück, deren Zeichen zunächst nur er wiedererkennt.
- Die Dominanz der Regression in der Traumarbeit (im Dienste der »Verfälschung«) erschwert den Blick auf eine positive Funk-

tion des Prozesses: Die Behinderung des Verstehens auf der einen Seite macht auf der anderen den Weg frei zu einem »alternativen Lexikon«. Denn im Traum können ungewohnte Zusammenhänge erprobt werden, die im Wachleben auf Unverständnis und Verbote stoßen.

Im Traum kommen in einer eigentümlichen Durchmischung gegensätzliche psychische Strukturen und Dynamiken aus unterschiedlichen Entwicklungsstufen zum Tragen: episodische und abstrakte, affektive und kognitive, bildliche und sprachliche, vorwärtsdrängende und hemmende, verdunkelnde und aufklärende ... Andreas Hamburger nennt den Traum deshalb ein »zwittriges Phänomen [...], das zum einen ungehemmte, ›primäre‹ Besetzungsprozesse, in den Körper eingeschriebene Spuren des Wunsches widerspiegelt, zum anderen sie aber als strukturiertes Bild, als Sinn imaginiert« (Hamburger, 1999, S. 294).

3.3 Das Ich im Traum

Die »Zwitterhaftigkeit« des Traums hat mit der Zwitterhaftigkeit des Ich im Traum zu tun. Freud hat dem Ich in der »Traumdeutung« keine große Aufmerksamkeit geschenkt. Dennoch lassen sich zwei Funktionszuweisungen erkennen. Zum einen sieht er darin die zentrale Figur im manifesten Traum:

»Es ist eine Erfahrung, von der ich keine Ausnahme gefunden habe, daß jeder Traum die eigene Person behandelt. Träume sind absolut egoistisch. Wo im Trauminhalt nicht mein Ich, sondern nur eine fremde Person vorkommt, da darf ich ruhig annehmen, daß mein Ich durch Identifizierung hinter jener Person versteckt ist. [...]. Ich kann also mein Ich in einem Traum mehrfach darstellen [...]. Mit mehreren solchen Identifizierungen läßt sich ein ungemein reiches Gedankenmaterial verdichten« (Freud, 1900a, S. 327 f.).

Identifizierungen dieser Art bewusst zu machen und den Träumer sich darin spiegeln zu lassen, gehört zu den fruchtbaren Techniken der gemeinsamen Arbeit am Traum (siehe dazu auch die praktischen Beispiele in Kapitel 4).

Zum anderen weist Freud dem Ich eine Rolle bei der Entstehung von Unlust- und Strafträumen zu: Hat sich ein für das Ich peinlicher Wunsch im Traum durchgesetzt und damit den »Zwiespalt zwischen dem Unbewußten und dem Bewußten – dem Verdrängten und dem Ich – bloßgelegt« (Freud, 1900a, S. 562 f.), dann kommt es je nach Durchsetzungsvermögen der beiden gegenläufigen Intentionen entweder zu einer Art Unentschieden (»Indifferenz«) oder das Ich setzt sich so energisch durch, »daß es auf die zustande gekommene Befriedigung des verdrängten Wunsches mit einer heftigen Empörung reagiert und selbst dem Traume unter Angst ein Ende macht« (S. 563). Damit wird nicht der »Wunsch […] zum Traumbildner, sondern der gegen ihn regierende, dem Ich angehörige, wenn auch unbewußte (d. h. vorbewußte) Strafwunsch« (S. 564; siehe dazu auch das Beispiel in Abschnitt 4.2).

Freuds Auffassungen vom Ich als vielfältigem Selbstdarsteller im Traum und vom Ich in seinem Bemühen, die Kontrolle über die Wunscherfüllung aufrechtzuerhalten, zeugen von einer noch engen Vorstellung. Er hat sie später im Zusammenhang mit seinem Strukturmodell der Psyche (»Ich – Es – Über-Ich«) erweitert (Freud, 1923b, S. 273 ff.). Eine Vorstellung jedoch vom Ich als innerem Akteur, der »sich und seine subjektive Sicht der Welt in der Bildsprache des Traums zum Ausdruck bringt« (Bittner, 2002, S. 326; vgl. Bittner, 1974), wäre ihm wohl zu umfassend gewesen. Und dass im Traum weder ein absolut originelles noch ein universalsprachlich begabtes, sondern ein interaktives, sozialisiertes Ich zur Sprache kommt, ist in dieser Deutlichkeit auch erst eine Erkenntnis der Forschung nach Freud.

3.4 Empirische Traumforschung

Zwar gibt es schon vor Freud und zu seinen Lebzeiten in Medizin und Psychiatrie erste Versuche, dem Traum mit quantifizierenden Verfahren auf die Spur zu kommen, aber einerseits sind sie methodisch-technisch unzureichend, andererseits finden die Ergebnisse in der phänomenologisch-hermeneutisch orientierten Psychoanalyse keine Aufnahme. Freud bildet da keine Ausnahme, obwohl er sich immer noch als Naturwissenschaftler versteht. Wolfgang Leuschner vermutet, »dass es die Achtung vor dem großen Werk Freuds war, die viele Psychoanalytiker in späterer Zeit auch dann abhielt, Befunde der empirischen Traum- und Schlafforschung zur Kenntnis zu nehmen und mit der psychoanalytischen Theorie in Verbindung zu bringen« (2011, S. 27). Diese Zurückhaltung ist heute einer wachsenden Neugier gewichen. Die Psychoanalyse rezipiert nicht nur die empirische Traumforschung, sondern sie beteiligt sich auch daran. Nachfolgend aufgeführte Forschungsergebnisse sieht sie als bedeutsam an (Solms, 1999; Leuschner, 1999, 2001, 2011, 2014; Zwiebel u. Leuzinger-Bohleber, 2002; Ermann, 2005; Strauch, 2006; Strauch u. Meier, 2004; Adam, 2006; Wiegand, 2006; Leuzinger-Bohleber, Benecke u. Hau, 2015):

- Die erste umwälzende Entdeckung der empirischen Traumforschung in den 1950er Jahren bezieht sich auf die Untergliederung des Schlafs in sogenannte REM- und Non-REM-Phasen. Wie im Schlaflabor beobachtet, treten Erstere etwa alle eineinhalb Stunden für die Dauer von 10–20 Minuten auf, erkennbar an plötzlich raschen Augenbewegungen (rapid eye movements), erhöhter Atem- und Herzfrequenz, gesteigerter Gehirnaktivität und genitaler Erregung bei gleichzeitiger Lähmung der Körperbewegungen (womit die Fähigkeit zu handeln blockiert ist). Die REM-Phase geht mit einer hohen Traumwahrscheinlichkeit einher.
- Die ursprüngliche Annahme, die REM-Phasen seien die eigentlichen Traumphasen, hat sich nicht bestätigt. Auch in den Non-REM-Phasen wird geträumt, besonders vor Eintritt der ersten und nach dem Ende der letzten REM-Phase. Die Träume unterscheiden

sich je nach Phase in ihrer Qualität. In den REM-Phasen sind sie in der Regel sinnlich-visuell, seltener akustisch oder kinästhetisch, in den Non-REM-Phasen tauchen eher Gedanken auf. Mentale Aktivitäten sind während der ganzen Schlafzeit nachzuweisen.
- Die Traumaktivität unterliegt offenbar einer neurochemischen Steuerung, die auch außerhalb der Traumvorgänge das Subjekt motiviert, Objekte zu suchen, die seine biologischen Desiderate befriedigen. Freud hatte etwas in dieser Richtung angenommen, als er die Traumtätigkeit von libidinösen Bedürfnissen ausgehen sah.
- Beim Träumen finden energetische Besetzungen in den frontalen und limbischen Arealen des Gehirns statt, die mit Emotionen, Gedächtnis und Motivation zu tun haben, und zugleich in jenen Bereichen, die für abstraktes Denken und visuelle Wahrnehmungen zuständig sind.
- Die novellistische Struktur, die in vielen Träumen sichtbar wird, ist nicht Eigenschaft des geträumten Traums, sondern Ergebnis vorbewusster Ein- und Umarbeitungen, wobei u. a. Phantasien, Erinnerungen an frühere Träume und Beziehungsinhalte aufgenommen werden. Wie schon Freud und etliche Vorgänger festgestellt haben, geht es um Szenen aus dem Alltag, seltener um weit Zurückliegendes (»Wach-Traum-Kontinuität«).
- Das Vergessen von Trauminhalten hat nicht so sehr mit einer »Zensur« zu tun, sondern ist primär ein eigenständiger Auswahlprozess. Er hat die Aufgabe, die ungeheuren Informationsmengen zu bewältigen, die bewusst und unbewusst aufgenommen werden. Dabei geht Banales meist verloren. Dass er auch Abwehrmotive in Anspruch nehmen kann, ist eine sekundäre Funktion. Traumerinnerung ist die Ausnahme. Sie wird durch tiefe Gefühle und inhaltliche Merkmale wie Bekanntheit der Szenen, dramatische Zuspitzungen oder groteske Überzeichnungen begünstigt.
- Das Ich kann den Traum nicht nur komponieren, sondern sogar steuern. Beim sogenannten »Lucid Dreaming« ist es möglich, die träumende Person so zu konditionieren, dass sie selbst in das Traumgeschehen eingreift und es so umschreibt, dass ihr der Ver-

lauf entspricht. Diese Technik wird gelegentlich zur Entdramatisierung von Angstträumen und von Träumen, die traumatische Ereignisse wiederholen, eingesetzt.
- Traumbilder werden über einen Prozess erzeugt, der die normale Abfolge von Schritten bei der Wahrnehmungsverarbeitung umkehrt. Im Traum werden also in den Gedächtnissystemen gespeicherte Gedanken und Erinnerungen in Wahrnehmungen verwandelt. Das entspricht Freuds Vorstellungen darüber, wie die Traumgedanken zu Bildern und Szenen werden.
- Die schon vor der Psychoanalyse angenommenen und später durch sie bestätigten positiven Leistungen des Traums im Hinblick auf die seelische und körperliche Gesundheit gelten als empirisch gesichert. Seine quasitherapeutische Leistung besteht darin, dass er Gefühle reguliert, Stress löst und entlastende Assoziationen produziert. Er ist an der Informationsverarbeitung und Wissenssicherung (Gedächtnis) beteiligt, bearbeitet Probleme, entwickelt kreative Szenarien und trägt zur psychischen Balance bei. Auf seine Funktion als »Hüter des Schlafs« hatte schon Freud hingewiesen.
- Freuds Annahme, in Kinderträumen würden Wunscherfüllungen direkt dargestellt, ist in dieser Verkürzung nicht mehr haltbar. Die Fähigkeit, überhaupt Träume (und damit Symbole) zu bilden, entsteht gegen das zweite Lebensjahr (»Ohne Ich kein Traum«) und ist erst gegen das 13. Lebensjahr ausgereift. Sie entwickelt sich aus einer Phase sensumotorischen Denkens heraus. »Primärprozesshaftes Denken« (bildhaft, ohne Logik und Zeitbewusstsein) und »sekundärprozesshaftes Denken« (Logik, Zeitbewusstsein, Sprache) existieren parallel. Auch wenn in der Traumarbeit (vor allem bei Verdichtung und Verschiebung) das Primärprozesshafte überwiegt, so bleibt der Sekundärprozess doch wirksam (vor allem sichtbar bei Symbolisierung und sekundärer Bearbeitung).
- Menge und narrative Struktur der Träume korrelieren mit den sich entwickelnden kognitiven und sprachlichen Fähigkeiten (Semantik, Syntax). Die Träume von jungen und alten Menschen unter-

scheiden sich daher nicht nur inhaltlich, sondern auch im Hinblick auf Symbolbildung und Traumarbeit.
- Die Fähigkeit, sich an Träume zu erinnern, ist, abgesehen von den Umständen des Erwachens, von persönlichen Dispositionen und physiologischen Einflüssen abhängig, beruht aber auch auf Entwicklungs- und Lernprozessen. Wer seine Traumtätigkeit, angeregt durch Eigeninteresse oder durch Psychotherapie, aufmerksam verfolgt, begünstigt seine Traumerinnerung. Sie kann demnach trainiert werden.

Zumindest im Hinblick auf die neurologisch relevanten Befunde kann Mark Solms resümieren: »Die wesentlichen – und allein auf Grund psychologischer Anhaltspunkte gewonnenen – Schlussfolgerungen Freuds hinsichtlich der Ursachen und der Funktion des Träumens sind alle mit dem heutigen empirischen Forschungsstand der Neurowissenschaften zumindest vereinbar, ja sie werden von dieser Seite her sogar indirekt bestätigt« (1999, S. 113). Analoge Übereinstimmungen sieht Solms hinsichtlich der Auslösung und Beendigung von Traumprozessen. Den Bestätigungen stehen offene Fragen gegenüber, vor allem im Hinblick auf Freuds Konzept der Traumarbeit und der Rolle der Zensur darin. Neuere Forschungen haben, so Solms (S. 119), allerdings Hinweise auf neurologische Korrelate ergeben, die mit diesen Umarbeitungsprozessen im Traum in Verbindung stehen könnten.

4 Beispiele für die psychoanalytische Arbeit an und mit Träumen

4.1 Vorbemerkungen

1. Die beiden ersten Traumtexte beruhen auf meinen Mitschriften während der Traumerzählungen. Sie enthalten schon wegen der Umstände der Aufzeichnung nicht den kompletten Wortlaut des erzählten Traums und sind offen für nachträgliche Erinnerungen und Korrekturen. Analytiker sind sich bewusst, dass die Erzählung auf sie als Zuhörer zugeschnitten ist. Was sollen sie nach Meinung des Patienten oder der Patientin hören? Auf welches Thema sollen sie hingelenkt werden? Was sollte lieber nicht zur Sprache kommen? Was verstehen sie »sowieso nicht« und wird deshalb verschwiegen? Etc.
2. Jede Erzählung und daher auch jede Traumerzählung in der Analyse trifft auf einen Zuhörer, der – vor dem Hintergrund eigener persönlicher und professioneller Erfahrungen – Anteil nimmt, mitdenkt, mitfühlt, sich identifiziert oder auch Abstand zu gewinnen versucht und dabei seine wohlwollende Aufmerksamkeit aufrechterhalten will. Der Analytiker weiß, dass seine begrenzte Rezeptionsfähigkeit und seine innere Beteiligung am Traumgeschehen des anderen seine Aufzeichnung von Träumen beeinträchtigen kann. Das Traumskript ist letzten Endes das Ergebnis von konzentriertem Zuhören und »innerem Hören«, die Deutung eine vom Hin und Her der beiden Unbewussten getragene Suche nach den verborgenen Szenen im Patienten.
3. Dem Schicksal einer unscharfen, bruchstückhaften Aufzeichnung entgeht der Analytiker auch bei der Aufzeichnung seiner eigenen

Träume nicht. Obwohl darin geübt, Traumerinnerungen anhand von Stichworten unmittelbar nach dem Erwachen festzuhalten, kenne ich das Zurückweichen von Traumbildern und Gefühlen, die Anstrengung, das angemessene Wort zu finden, und die Neigung, Szenenfolgen noch stärker abzurunden, als das die sekundäre Bearbeitung zuvor schon getan hat. Es gibt nicht »die« wahre, einzige, authentische Traumerzählung.

4.2 Angst- und Straftraum

Herr A., ein etwa 35-jähriger angehender Sozialpädagoge, kommt wegen zunehmender Schlaf- und Antriebslosigkeit in Analyse (aus Hierdeis, 2017, S. 47 ff.). Der Hausarzt hatte Herzrhythmusstörungen und eine depressive Verstimmung diagnostiziert und ihm eine Psychotherapie empfohlen. Nach einigen unergiebigen Stunden, in denen er etwas zusammenhanglos Bruchstücke seiner Biografie präsentiert (u. a. Abbruch des Studiums der katholischen Theologie wegen der Beziehung zu einer Frau, Wechsel zur Religionspädagogik, zuletzt Umstieg auf Sozialpädagogik), kommt er eines Morgens in großer Aufregung mit diesem Traum:

Er habe am Rande eines Platzes in einer Stadt gestanden, auf dem viele Menschen einen Gottesdienst gefeiert hätten. Jesus in einem langen weißen Gewand sei herumgegangen und habe die Kommunion ausgeteilt. Je näher ihm die weiße Gestalt gekommen sei, desto größer sei seine Angst geworden. Dann habe Jesus vor ihm gestanden und ihn lächelnd gefragt: »Liebst du mich?« Und obwohl er eigentlich gewusst habe, dass er ehrlicherweise »Nein« hätte sagen müssen, habe er »Ja« geantwortet, und Jesus habe ihm die Hostie auf die Zunge gelegt. Mit dem Gefühl, wegen dieser Lüge nun auf ewig verdammt zu sein, sei er mit Herzrasen aufgewacht.

Herrn A.s erste Assoziationen: Platz und Szenerie kommen ihm bekannt vor. Er war als Theologiestudent einmal auf einem Kirchentag, bei dem der Gottesdienst unter freiem Himmel abgehalten wurde.

Zur Kommunionausteilung waren Geistliche in weißen Gewändern (Alben) unter die Gläubigen getreten. Auch er hatte die Kommunion empfangen.»Am Altar« hätten ihn seine Eltern gern gesehen, er sich selbst lange Zeit auch. Die Frage Jesu im Traum kenne er aus dem Neuen Testament (Joh 21, 15–17; H. H.). Nach seiner Auferstehung habe Jesus die Jünger am See Genezareth getroffen. Dreimal habe er Petrus gefragt: »Liebst du mich?«, dreimal habe Petrus geantwortet: »Ja, du weißt es doch.« Beim dritten Mal sei er ganz traurig gewesen, weil Jesus seinem Ja offenbar nicht geglaubt habe. Die Antwort Jesu habe immer gelautet: »Weide meine Lämmer! Weide meine Schafe!« – Herr A. erinnert sich, dass die Szene vor eineinhalb Jahren Thema in einer der letzten Religionsstunden mit seiner 9. Klasse gewesen sei. Ein Schüler habe gesagt, er wundere sich schon darüber, dass Petrus nicht zurückgefragt habe: »Liebst du mich denn auch? Woran soll ich das erkennen? Zum Lieben gehören doch zwei.« Die Mitschülerinnen und Mitschüler hätten gelacht und mit den Füßen getrampelt. Seiner Freundin, die immer noch Religionspädagogin sei, habe er die Geschichte erzählt. Sie habe nur gemeint: »Gescheiter Bursche.« Seelenhirte, fügt er hinzu, sei ja früher eine Bezeichnung für den Priester gewesen. Er habe keine Ahnung, warum ihn das jetzt einhole. Seine Entscheidung, nicht Priester zu werden, liege doch schon lange zurück.

An Ereignisse aus den letzten Tagen, die mit dem Traum zu tun haben könnten, kann er sich nicht erinnern. Vor Kurzem habe ihn seine Freundin wegen seiner sexuellen Zurückhaltung und wegen seines Zögerns, sie endlich zu heiraten, heftig attackiert und ihn verdächtigt, er habe eine andere. Aber sie komme ja im Traum gar nicht vor.

Unser gemeinsamer Versuch, den Traum zu verstehen, kreist zunächst um sein (wie ich es für mich nenne) »verratenes Ich-Ideal«. Herr A. spürt, dass der Traum seine gegenwärtige Situation thematisiert. Nur was genau? Ihm ist klar, dass es um die beiden wichtigsten Personen in seinem Leben geht: um die, wie er glaubt, in Jesus verkörperte Repräsentanz Gottes und um seine Partnerin. Indem der Traum alle Gefühle auf *eine* Person lenkt, hier auf die Gestalt Jesu, gerät ihm seine Lebensgefährtin aus dem Blick. Der fokussierte Blick entspricht auch seiner Lebensgeschichte. Über Jahrzehnte hinweg hat Herr A. unter gewaltigen Anstrengungen und Triebverzichten in der Gestalt Jesu ein radikales Ich-Ideal aufgebaut. Es erscheint ihm nun nach der Änderung seiner Lebensplanung als strafendes Über-Ich (Freud, 1923b, S. 282 f.), und zwar mit einer solchen Gewalt, dass das Ich, weil es die Scham über seine Entscheidung nicht erträgt, sich durch eine Lüge zu retten versucht. Die Lüge leitet seine von Todesängsten begleitete Selbstaufgabe ein. Sie gipfelt darin, dass das Ich sich selbst verdammt (vgl. Freud, 1923b, S. 288). Was auf der Ebene seines Unbewussten geschieht, hat sein Bewusstsein noch nicht erreicht. Herr A. hat auf »gleitende Übergänge« gesetzt, in denen das Vergangene mit Gegenwart und Zukunft ohne Blick auf seine Motive versöhnt sein sollte. Meine Deutung, dass er sein Vollkommenheitsideal gegen die Bejahung seiner Sinnlichkeit (der ersehnten großen Gefühle) eingetauscht hat, stößt auf seine aggressive Abwehr. Seine »Schuld« kann er sich noch nicht eingestehen. In seinen Augen habe ich keine Ahnung von seiner tatsächlichen Geschichte. Möglicherweise sieht er in mir den Vertreter seines missbilligenden Über-Ich, gegen den er sich schützen muss.

Der zweite Schwerpunkt liegt auf der »verratenen Partnerin«. Vordergründig zeigt der Traum von Herrn A. eine »Verschiebung« und damit ein Täuschungsmanöver an: Er spiegelt dem Träumer den zurückliegenden Beziehungskonflikt mit seinem personifizierten Ich-Ideal vor, während er in Wirklichkeit in einer Beziehungskrise mit seiner Partnerin steckt. Seine Liebe zu ihr ist nur noch eine falsche Behauptung; sie hat sich verflüchtigt, oder er hat sich nicht ausreichend darum bemüht. Beides könnte auch auf die Beziehung zu Jesus zutreffen. Genau diese Wahrheit über seine Beziehungen wollte er nicht sehen, weil ihm das Eingeständnis peinlich war und weil es ihn zu einer Neuorientierung gezwungen hätte, der er sich noch nicht gewachsen sah. Seine »Scham« war das eigentliche »Hindernis, ehrlich zu sein« (Wurmser, 2013, S. 37). Die Schuld, die Herr A. sich noch nicht eingestehen kann, besteht zunächst nicht darin, dass er sich von den ursprünglich geliebten Objekten entfernt hat, sondern in der Leugnung der Distanz. Er will die Beziehungsstörung nicht wahrhaben, die sich in der Lüge manifestiert (vgl. Eickhoff, 1988, S. 92).

4.3 Übertragung im Traum

Bei der Übertragung handelt es sich um eine unbewusste, aber grundsätzlich bewusstseinsfähige Bedeutungszuschreibung in zwischenmenschlichen Beziehungen. In der Therapie ist sie bedeutsam als Hinweis auf Gefühle, Phantasien und Wünsche, die der Patient dem Therapeuten entgegenbringt, die aber eigentlich anderen Personen (z. B. den Eltern) gelten.

Ein etwa sechzigjähriger Patient, frühpensionierter Biochemiker, kommt nach einer überstandenen Leukämieerkrankung zu mir in Analyse. In den ersten beiden Stunden erfahre ich etwas über den Schrecken, den die Krebsdiagnose bei ihm ausgelöst hat, über die Zeit in der Klinik und die ambulante Chemotherapie mit ihren schmerzhaften Symptomen. Aber er hat es geschafft. Er ist stolz auf seine Kämpfernatur. Er ergreift gern die Initiative. So hat er unmittelbar nach der Krebsdiagnose seine Frühpensionierung eingeleitet, auch um einer diesbezüglichen Empfehlung seines Arbeitgebers zuvorzukommen – und das umso lieber, als ihm kurz vor Ausbruch der Krankheit jemand im Labor vor die Nase gesetzt worden war, den er für schlechter qualifiziert hielt. Das ist ihm in seinem Berufsleben schon ein paarmal so ergangen. Die Psychotherapie »nimmt er mit«, weil sie ihm in der Reha empfohlen worden ist. Außerdem wird sie von der Kasse bezahlt. Für ihn ist sie ein Experiment; er hat nicht das Gefühl, dass er sie braucht. Er will mich nicht kränken, er weiß ja, dass ich ein Professor bin, aber er käme auch ohne mich gut zurecht.

In der dritten Stunde fragt er, ob er einen Traum erzählen darf: »Es ist Sonntag gegen Abend. Ein Freund von mir aus Studienzeiten hat uns auf dem Dorf besucht. Er sieht im Gesicht verändert aus, nicht hager und bärtig wie früher, sondern eher rundlich und glatt, und die Haare sind länger. Aber sonst stimmt die äußere Erscheinung. Er ist einen halben Kopf kleiner als ich. Ich bringe ihn zum Bahnhof. Die Station liegt am Ortsrand. Um zum Bahnsteig zu gelangen, müssen wir eine enge, eiserne Wendeltreppe hinaufsteigen. Das ist schwierig, weil uns eine Menschenmenge entgegenkommt. Oben fährt gerade von links ein roter Triebwagen ein. Er sieht schäbig aus. Der ganze Bahnhof macht einen heruntergekommenen Eindruck. Die Gleise sind verrostet. Viele Leute steigen mit mir ein. Dann stehe ich neben anderen im vorderen Waggon hinter dem Zugführer und schaue in Fahrtrichtung hinaus. Da sehe ich, dass der Zug die Schienen verlassen hat und in eine sonnige Wiese hineinfährt. Ich denke: Jetzt muss ich doch noch eine andere Wirklichkeit anerkennen.«

Erste Einfälle: Der Träumer erkennt den Ort des Geschehens wieder. Tatsächlich wohnt er mit seiner Frau auf dem Land. Aber alles andere erscheint ihm verändert. Den Freund aus alten Studienzeiten hat er schon seit Jahren nicht mehr gesehen. Außerdem sieht er anders aus, irgendwie weiblicher. Der Bahnhof ist nicht der seines Dorfes. Hochgelegene Bahnsteige kennt er aus Berlin. Da war er voriges Jahr. Die verrosteten Schienen und die ganzen Bahnanlagen erinnern ihn an einen aufgelassenen Güterbahnhof in der Stadt, in der er aufgewachsen ist. Er erinnert sich, dass er in seiner Jugend einmal bei einer Verkehrsausstellung auf dem Führerstand einer Dampflok mitfahren durfte. Zum Traumbild, dass der Zug nicht auf Schienen, sondern in die Landschaft hineinfährt, fällt ihm ein, dass sie als Kinder auf dem Fußboden mit einer Holzeisenbahn gespielt haben. Woher der Gedanke im Traum an eine »andere Wirklichkeit« kommt, darauf weiß er im Augenblick keine schlüssige Antwort. Er ist nicht religiös, und für ihn als Naturwissenschaftler gibt es nur *eine* Realität, alles andere ist Phantasie. An heftige Gefühle im Traum kann er sich nicht erinnern. Anstrengend sei es gewesen, sich die Treppe hinaufzuzwängen, und etwas mulmig war ihm am Schluss, als der Zug einfach so in die Landschaft hineinfuhr. Er habe darauf gewartet, dass etwas passiert. Aber der Schrecken sei ausgeblieben. Schließlich sei er ja vorher aufgewacht.

Im Gespräch tun sich zwei thematische Schwerpunkte auf: Zunächst geht es um die Beziehung zu seiner Frau. Mir sei aufgefallen, bemerke ich, dass sie in den Erzählungen der ersten Stunden gar nicht vorgekommen sei. Er spreche nicht gern über sie, antwortet er. Schon lange vor seiner Erkrankung hätten sie fast nur noch gestritten oder sich angeschwiegen. Vor neun Monaten hätten sie in Berlin ein Versöhnungswochenende feiern wollen. Aber dann sei die Nacht völlig missglückt, und vor der Rückreise hätten sie sich am Bahnhof so entzweit, dass sie in getrennten Waggons nach Hause gefahren seien. Daheim habe sie dann gesagt, es gehe nicht mehr. Sie wisse gar nicht, wer er sei, und wolle weg von ihm. Nur wegen seiner Erkrankung sei sie noch geblieben. Als ich ihn frage, welche Traumbilder seine Beziehung am stärksten wiedergäben, meint er selbstironisch: »Alles verrottet, auch der Triebwagen!« Dass ihm am Bahnhof sein Freund/seine Frau abhandenkommt und er zusteigt, ohne sich umzusehen, sieht er als Zeichen seiner Lebensstrategie: »Nicht anderen die Initiative überlassen!«

Der zweite Schwerpunkt hat mit seiner Beziehung zu mir zu tun. Ich spüre eine wachsende Unruhe bei ihm. Obwohl zu Beginn vereinbart, ärgert er sich über die Analyse im Liegen. Er fühle sich mir »ausgeliefert«. Ich spüre seine Enttäuschung, wenn ich mich weigere, ihm Ratschläge für seine Beziehungen zu geben (ihm droht nicht nur seine Frau abhandenzukommen, sondern er hat auch keine Freunde mehr). Er ärgert sich über mein Schweigen (»Jetzt lassen Sie mich doch nicht so hängen!«). Unwillig präsentiert er seine Assoziationen zum Zugführer im Traum: Jemand, der nur nach vorn schaut; den man nur von hinten sieht; der keine Ahnung hat, was hinter ihm los ist; der nur den Fahrplan im Kopf hat; der schweigt; mit dem man nicht reden kann; dessen Gesicht man gar nicht kennt; der niemanden an sich heranlässt …

Ich werfe ein: »So sieht Sie Ihre Frau?«

»Themenwechsel!«, brummt er. Dann: »Mein Vater war so. Ich kannte ihn gar nicht anders. Er wusste immer, wo es langgeht. Da gab es keine Diskussion. Über sich hat er nie geredet – wie Sie. Sie sind auch so weit weg. Ich weiß von Ihnen nichts. Mit Ihnen kann man auch nicht diskutieren.«

»Mir sagen Sie das. Und Ihrem Vater?«

Er schüttelt den Kopf. »Das ging nicht. Nie! Aber eines weiß ich: Er wäre auf den rostigen Schienen geblieben.«

»Und Sie? Sonnige Landschaft?«

»Vielleicht. Ich stelle mich neben Sie in den Führerstand.«

»Dann fehlt aber noch etwas zur ›anderen Wirklichkeit‹.«

»Ich weiß.«

4.4 Gegenübertragung im Traum

Bei der Gegenübertragung handelt es sich um eine grundsätzlich unbewusste, aber bis zu einem gewissen Grad bewusstseinsfähige Übertragung von Gefühlen, Phantasien und Wünschen, die der Therapeut dem Patienten als Resonanz auf dessen Übertragung entgegenbringt.

Eine etwa dreißigjährige Patientin ist nach dem Tod beider Eltern in der Kindheit, einer langen Missbrauchsgeschichte und Beziehungsstörungen von einer psychiatrischen Klinik wegen anhaltender Suizidalität zu mir in Analyse überwiesen worden (aus Hierdeis, 2010, S. 7 ff.). Der Traum, in dem sie mir zum ersten Mal begegnet, fällt – ein Jahr und vier Monate nach Therapiebeginn – in eine Zeit, in der sie nach zahlreichen Ankündigungen, jetzt »endgültig Schluss« zu machen, sich beruflich neu orientiert hat, sich farbiger kleidet, die Analyse im Liegen aushält und lebhafter, in größeren Zusammenhängen zu erzählen beginnt:

»Bei uns zu Hause. Mehrere Personen, darunter die Patientin, am runden Wohnzimmertisch. Wir essen. Ich halte in jeder Hand ein welkes, ungewaschenes Radieschen und überlege, ob ich sie unters Wasser halten soll. Dann singen wir. Ich höre der Frau genau zu und wundere mich über ihre kräftige Stimme. Sie singt aber nicht ganz richtig. Eine Mitsängerin macht eine kritische Bemerkung zu ihr hin.

Aber sie lässt sich nicht davon beeindrucken. Gemischte Gefühle: Befriedigung, Peinlichkeit, Angst.«

Zum Hintergrund: Ich leite eine vierstimmige Gruppe, die sich ein paarmal im Jahr zum Madrigalsingen trifft. Unsere Zusammenkünfte enden immer mit einem gemeinsamen Essen. Bis hierher wäre der Traum eine bloße Wiederholung. Deutungsbedürftig wird er durch das Auftreten meiner Patientin. Wir sind als Gruppe seit Jahren befreundet, musikalisch aufeinander abgestimmt und daher sehr zurückhaltend, was weitere Sängerinnen oder Sänger angeht. Ich möchte niemanden mitsingen lassen, dessen Stimme und Musikalität ich nicht kenne. Wer sich stimmlich hervortäte und falsch sänge, wäre nicht lange dabei. Nun singt die Patientin aber hörbar mit und macht Fehler. Ich greife nicht ein. Dabei wäre die Korrektur meine Sache. An meiner Stelle übernimmt eine Mitsängerin die Kritik, und das eher unwirsch. Dass die Patientin sich nicht davon beeindrucken lässt, könnte mich als Therapeuten freuen. Endlich einmal »singt« sie, und endlich einmal zieht sie sich bei einem Widerstand nicht in Selbstzweifel und Selbstbeschädigung zurück. Also: Befriedigung auf meiner Seite, weil sie meinen Hoffnungen auf Autonomiezuwachs entspricht.

Oder nehme ich im Traum ihre unbewusste Mitteilung an mich wahr: Ich bin schon stärker, als du glaubst? Aber woher rührt dann das peinliche Gefühl? Die Kritik der Mitsängerin hat mich in einen Loyalitätskonflikt gestürzt, den ich nicht löse. Ich hätte mich auf die Seite der Schwächeren stellen und dafür einen Konflikt mit der Kritikerin in Kauf nehmen müssen. Die selbstbewusste Haltung meiner Patientin hilft mir über den Augenblick hinweg. Aber das Gefühl des Versäumnisses klingt nach. Noch etwas kommt hinzu: Sie tritt in meinem Privatbereich auf. Will sie mir mitteilen, dass sie an etwas teilhaben möchte, was mir gehört? Was wäre dann ihr nächster Schritt? Wird ihre Autonomie bedrohlich für mich? Und die Radieschen? Normalerweise wären sie in diesem Zustand gar nicht erst auf den Tisch gekommen. Warum halte ich in jeder Hand eines? Es sieht nicht so aus, als wollte ich sie essen, und die Patientin würde sich wegen ihrer anhaltenden Essprobleme wahrscheinlich nicht an einer gemeinsamen Mahlzeit beteiligen. Geht es in der Szene also gar nicht ums Essen? Was hat dann das verkümmerte und unsaubere Gemüse mit ihr zu tun? Stehen die Radieschen für die anorektisch verkümmerten Attribute ihrer Weiblichkeit? Halte ich sie in Händen, weil es einen verborgenen Wunsch nach Berührung gibt? Und warum sollen sie gewaschen werden? Weil ich die Vergangenheit der Patientin mit etwas Unreinem assoziiere? Hat mein peinliches Gefühl damit zu tun? Aber es gibt ja noch eine übergeordnete Bedeutung der Symbole, die mich entlasten könnte: die Analyse als Reinigungsprozess (reines Singen, reines Essen). Hat nicht die Patientin vor einiger Zeit einmal gemeint, wie ich das nur aushalten könne, die ganze Zeit mit dem Dreck zu tun zu haben, den sie hier ausbreite? Ein Letztes: Wenn ich den Gedanken der Ichhaftigkeit wörtlich nehme und mich selbst in der Gestalt meiner Patientin sehe, dann treten mindestens zwei Seiten meiner Person, der zufriedene und der kränkbare Narziss, in Erscheinung (von anderen Seiten ganz zu schweigen). Halte ich mir also selbst einen Spiegel vor?

Welche Frage auch immer ich mir stelle, ich komme nicht davon los, dass ich im Traum die Themen der Patientin und meine Themen, ihre Konflikte und meine Konflikte, das, was sie bewegt, und das, was mich bewegt, zu einer mehrdeutigen Szene verwoben habe. Es wäre einfach zu sagen: Voilà, ein Gegenübertragungstraum, wie er im Buche steht, weil darin eine Patientin und Momente der analytischen Beziehung vorkommen (vgl. Zwiebel, 2002) oder weil er zeigt, dass ich als Analytiker nicht »in einem Vakuum« lebe, »aus dem alle libidinösen und aggressiven Gefühle […] verbannt sind« (Altmann, 1992, S. 240). Aber es ist doch Sache meiner Unterscheidung und Entscheidung, wohin ich die Bedeutungsgewichte verschiebe. Mein Schluss: Es kommt darauf an, die Ankunft des therapeutischen Gegenübers im Traum ernst zu nehmen und – um der beiderseitigen Entwicklung willen – zu analysieren. Ob ich ihn als »Gegenübertragungstraum« bezeichne, ist zweitrangig.

5 Epilog

5.1 Der Traum als Veränderungsanzeige

Es wäre verwunderlich, sollten sich Veränderungen im Bewusstsein und ein entspannteres Gefühlsleben nicht auch in den Träumen bemerkbar machen. Wenn es Ziel der Analyse ist, Menschen dabei zu helfen, aus ihren unlösbar erscheinenden und belastenden psychischen Verstrickungen herauszukommen und zu einer wahrhaftigeren und realistischeren Einschätzung ihrer selbst, ihrer Mitmenschen und »der Welt« zu gelangen, dann öffnet sich auch die vorher als verschlossen oder verschattet wahrgenommene Zukunft. Der Patient, Herr A., über dessen »Lüge im Traum« und die gemeinsame Verstehensbemühung ich oben berichtet habe, kommt etwa zehn Wochen nach der Traumerzählung noch einmal auf diesen Traum zu sprechen. Er glaube nämlich feststellen zu können, dass sich etwas geändert hat (zum Kontext Hierdeis, 2017, S. 70):

Er habe nämlich geträumt, er habe in einer hügeligen Landschaft mit Kuhweiden gestanden und sei im Begriff gewesen, eine Wiese hinaufzugehen. Er habe sich noch einmal umgedreht und seine Freundin neben Vater, Mutter und der Schwester der Mutter nebeneinanderstehen sehen. Alle vier hätten verneinend den Kopf geschüttelt. Er aber sei weiter nach oben gestiegen und habe ein gutes Gefühl dabei gehabt.

Er versteht den Traum so, als habe er ein Kapitel abgeschlossen und kümmere sich nicht mehr um das Nein der anderen zu seinem Lebensweg. Aufs Erste kann ihm die Szene eine solche Deutung nahelegen. Nur: Alle Bindungen hinter sich zu lassen und das als Freiheit zu verstehen – das sind kindlich-pubertäre Vorstellungen und Wünsche. Die Arbeit an einem reiferen Ich hat also erst begonnen. Ihr anstrengender (und längerer) zweiter Teil wird darin bestehen, die Zukunft im Auge zu behalten und zu präzisieren, ohne der Vergangenheit den Rücken zuzuwenden; zu unterscheiden zwischen den leibhaftigen Personen und ihren Repräsentanzen in ihm. Der Abschied von den Bildern, die er sich von ihnen im Traum und im Wachleben gemacht hat, ist nicht dasselbe wie die Auflösung der Beziehungen zu ihnen als leibhaftigen Menschen.

5.2 »Wahrtraum«

Am Nachmittag des 5. Juni 2005 leite ich an der Universität in B. eine Arbeitsgruppe mit einer Museumsdidaktikerin, einer pensionierten Lehrerin und zwei studentischen Hilfskräften, die sich mit der Planung und Finanzierung eines universitären Schulmuseums befasst. Der Beginn der Sitzung verzögert sich, weil der Dekan noch nicht anwesend ist. Er kommt mit etwa zwanzigminütiger Verspätung und entschuldigt sich: Er habe einen Anruf aus der Kulturabteilung der Landesregierung bekommen, des Inhalts, dass man sich an der Projektfinanzierung nicht beteiligen werde. Ich sage, das sei nicht dramatisch, weil ich die Kostenschätzung für überzogen hielte. Auch sei ich der Ansicht, dass das von der Universität zugesagte Budget ausreiche.

Etwa ein Jahr später stoße ich bei der Durchsicht meiner Traumaufzeichnungen unter dem Datum vom 23. März desselben Jahres auf folgende Notiz:

Heller Seminarraum. Arbeitsgruppe Schulmuseum. Mit mir am Tisch sitzend Frau R., Frau T. und die beiden Tutorinnen. Der Dekan fehlt. Er kommt verspätet und entschuldigt sich. Herr X. aus der Landesregierung habe angerufen. Man finanziere die Einrichtung nicht mit. Ich wiegle ab. Der geschätzte Betrag sei sowieso zu hoch angesetzt.

Der Traum hat sich, wie leicht auszurechnen, etwa zehn Wochen vor der Sitzung ereignet. Die Rolle als Wahrsager oder Seher in eigener Sache irritiert mich. Dass eintreten könnte, was ich geträumt habe, erfüllt mich mit Misstrauen und Angst gegenüber meinen Träumen. Auf der Suche nach Beispielen in der Wissenschaft stoße ich auf die Begriffe »präkognitive Träume« oder »Wahrträume«. In ihnen würden Ereignisse vorweggenommen, die mit hoher Wahrscheinlichkeit eintreten könnten. Dass die Esoterik sich mit solchen Phänomenen befasst, ist mir bekannt. Der Forschung bleiben wegen der dünnen Materiallage und aus methodischen Gründen nur Vermutungen: Es könne sich um eine Art Selffulfilling Prophecy handeln, meinen die einen, andere sprechen von einem »Zugriff auf unbewusstes Wissen« oder von »Synchronizität«, also von »Ereignissen, die […] durch einen Sinnzusammenhang miteinander verbunden sind« (Adam, 2006, S. 145 ff., 275 f.). Freud sät Zweifel: Es lasse sich nicht eindeutig sagen, ob es sich bei Träumen dieser Art tatsächlich um Träume handle und nicht vielmehr um psychische Prozesse in einem anderen Schlafzustand. Daher will er »voll unparteiisch sein […], denn ich habe kein Urteil, ich weiß nichts darüber« (1922a, S. 191).

Auf diese Position könnte auch ich mich zurückziehen. Aber ich habe die Szene nun einmal als Traum aufgezeichnet. Und so verfahre ich damit wie üblich: Ich lasse mich von meinen Assoziationen führen und entdecke bald, dass auch dieser Traum aus einer Traumarbeit stammt, die mich davon ablenken will, etwas an mir zur Kenntnis zu nehmen, das ich nur ungern deutlicher sähe.

5.3 Schlussbemerkung

Die letzten Überlegungen zum »Wahrtraum« zeigen, dass ich meine Träume »persönlich« nehme. Das führt mich noch einmal an den Anfang meiner Darstellung zurück. Dort hatte ich mit Wolfgang Mertens eine ganze Reihe von Argumenten vorgetragen, weshalb es sich lohnt, seine Träume ernst zu nehmen. Sie bieten die Chance, uns darin wiederzuerkennen mit unseren früheren und heutigen Wünschen, Beziehungen, Konflikten, Stärken und Schwächen, die uns im Alltag oft gar nicht (mehr) bewusst sind; sie machen uns auf Bewegungen in unserem Seelenleben aufmerksam, die verhindern wollen, dass Schuld- und Schamgefühle hochkommen, und sie geben uns Fingerzeige, wo unsere nächsten Aufgaben liegen könnten. Dass die Themen der Träume mit unserem Leben zu tun haben, ist eine alte Erkenntnis. Dass sie positive Funktionen für unsere seelische Gesundheit haben, weil sie bei der Verarbeitung von Wahrnehmungen und Erfahrungen helfen, wussten schon manche Traumforscher des 19. Jahrhunderts. Aber erst Sigmund Freud entdeckte in eigenen und fremden Träumen das Wirken unterdrückter Wünsche, gegen deren Offenlegung psychische Kräfte wirken und die sich dann in allerlei merkwürdigen Verkleidungen bemerkbar machen. Dass die »Wunscherfüllung« die zentrale Funktion des Traums ist, wie er annahm, wird heute eher bezweifelt. Die Forschung nach Freud hat zahlreiche andere Funktionen herausgefunden, die offenbar gleichfalls überlebenswichtig sind. Vom Reichtum unserer Traumtätigkeit, von ihrer Kreativität, von ihrer Problemlösungskapazität und von den kunstvollen Verfremdungen der »Traumarbeit« bekommen wir in der Regel wenig mit, weil unsere Traumerinnerung von Bedingungen abhängt, die wir nicht ohne Weiteres beeinflussen können. Umso größere Aufmerksamkeit sollten wir daher den Bildern und Szenen zuwenden, die nach dem Erwachen haften geblieben sind. Aus der Filmvorschau im Kino und im Fernsehen wissen wir, dass sich hinter den zusammengeschnittenen Bildfolgen ausführliche Geschichten verbergen. Die Erfahrungen der psychoanalytischen Traumdeutung legen uns nahe, dass die erinnerten Bild- und Szenenpartikel nicht nur auf ein viel komplexeres Traumgeschehen verweisen, sondern, wenn die Bildsprache des Traums entschlüsselt wird, einen Blick auf das Leben selbst erlauben.

Literatur

Adam, K.-U. (2006). Therapeutisches Arbeiten mit Träumen. Theorie und Praxis der Traumarbeit (2. Aufl.). Heidelberg: Springer.

Adler, A. (1913/2014). Traum und Traumdeutung. In Praxis und Theorie der Individualpsychologie (14. Aufl., S. 221–233). Frankfurt a. M.: Fischer.

Alt, P.-A. (2011). Der Schlaf der Vernunft. Literatur und Traum in der Kulturgeschichte der Neuzeit (2. Aufl.). München: C. H. Beck.

Altmann, L. L. (1992). Praxis der Traumdeutung. Frankfurt a. M.: Suhrkamp.

Battegay, R., Trenkel, A. (1987). Der Traum. Aus der Sicht verschiedener therapeutischer Schulen (2., rev. und erw. Auflage). Bern u. a.: Huber.

Beland, H. (1999). Im Acheron baden? Hundert Jahre Psychoanalyse des Traums. In K. M. Michel (Hrsg.), Kursbuch, 138 (S. 49–71). Berlin: Rowohlt.

Benedetti, G. (2006). Symbol, Traum, Psychose. Göttingen: Vandenhoeck & Ruprecht.

Bittner, G. (1974). Das andere Ich. Rekonstruktionen zu Freud. München: Piper.

Bittner, G. (1998). Metaphern des Unbewußten. Eine kritische Einführung in die Psychoanalyse. Stuttgart: Kohlhammer.

Bittner, G. (2002). »Ich« im Traum. In T. Hug, H. J. Walter (Hrsg.), Phantom Wirklichkeit. Pädagogik der Gegenwart (S. 325–334). Baltmannsweiler: Schneider.

Boothe, B. (1994). Der Patient als Erzähler in der Psychotherapie. Göttingen: Vandenhoeck & Ruprecht.

Brackertz, K. (Hrsg.) (1993). Die Volks-Traumbücher des byzantinischen Mittelalters. München: Deutscher Taschenbuch-Verlag.

Deserno, H. (1999). Einleitung. In H. Deserno (Hrsg.), Das Jahrhundert der Traumdeutung. Perspektiven psychoanalytischer Traumdeutung (S. 10–21). Stuttgart: Klett-Cotta.

Eickhoff, F.-W. (1988). Versuch über die Lüge in psychoanalytischer Sicht. Jahrbuch der Psychoanalyse, 23, 82–101.

Erikson, E. H. (1954/1999). Das Traummuster der Psychoanalyse. In H. Deserno (Hrsg.), Das Jahrhundert der Traumdeutung. Perspektiven psychoanalytischer Traumforschung (S. 72–112). Stuttgart: Klett-Cotta.
Ermann, M. (2005). Träume und Träumen. Hundert Jahre »Traumdeutung«. Stuttgart: Kohlhammer.
Freud, S. (1900a). Die Traumdeutung. Der Traum. GW II/III. Frankfurt a. M.: Fischer.
Freud, S. (1907a). Der Wahn und die Träume in W. Jensens »Gradiva«. GW VII (S. 29–122). Frankfurt a. M.: Fischer.
Freud, S. (1916–17a). Vorlesungen zur Einführung in die Psychoanalyse. GW XI. Frankfurt a. M.: Fischer.
Freud, S. (1922a). Traum und Telepathie. GW XIII (S. 163–191). Frankfurt a. M.: Fischer.
Freud, S. (1923b). Das Ich und das Es. GW XIII (S. 237–289). Frankfurt a. M.: Fischer.
Freud, S. (1933a). Neue Folge der Vorlesungen zur Einführung in die Psychoanalyse. GW XV. Frankfurt a. M.: Fischer.
Freud, S. (1974). Sigmund Freud – C. G. Jung Briefwechsel. Hrsg. v. W. McGuire, W. Sauerländer. Frankfurt a. M.: Fischer.
Freud, S. (1999). Briefe an Wilhelm Fließ 1887–1904 (2. Aufl.). Frankfurt a. M.: Fischer.
Freud, S., Abraham, K. (2009). Briefwechsel 1907–1925. Bd. I.: 1907–1914. Hrsg. v. E. Falzeder, L. M. Hermans. Wien: Thuria + Kant.
Gehring, P. (2008). Traum und Wirklichkeit. Zur Geschichte einer Unterscheidung. Frankfurt a. M.: Campus.
Gleiss, I. (2005). Der romantische Weg in die Tiefe. In M. B. Buchholz, G. Gödde (Hrsg.), Macht und Dynamik des Unbewussten. Bd. 1: Auseinandersetzungen in Philosophie, Medizin und Psychoanalyse (S. 95–124). Gießen: Psychosozial-Verlag.
Goldmann, S. (2003). Via Regia zum Unbewussten – Freud und die Traumforschung im 19. Jahrhundert. Gießen: Psychosozial-Verlag.
Goldmann, S. (Hrsg.) (2005). Traumarbeit vor Freud. Quellentexte zur Traumpsychologie im späten 19. Jahrhundert. Gießen: Psychosozial-Verlag.
Hamburger, A. (1999). Traum und Sprache. In H. Deserno (Hrsg.), Das Jahrhundert der Traumdeutung. Perspektiven psychoanalytischer Traumforschung (S. 289–327). Stuttgart: Klett-Cotta.
Hierdeis, H. (2000). Erinnerungen als Relikte – Überlegungen zu einer Erweiterung des Reliktbegriffs. In M. Liedtke (Hrsg.), Relikte – Der Mensch und seine Kultur (S. 346–354). Graz: austria medien service.

Hierdeis, H. (2002). Orientierung durch Träume? In M. Liedtke (Hrsg.), Orientierung in Raum, Erkenntnis, Weltanschauung, Gesellschaft (S. 184–191). Graz: austria medien service.
Hierdeis, H. (2008). Traumtexte. Der Traum als Text. Zur Tiefenhermeneutik des Traums. In D. Korczak (Hrsg.), Die Macht der Träume. Antworten aus Philosophie, Psychoanalyse, Kultursoziologie und Medizin (S. 61–76). Kröning: Asanger.
Hierdeis, H. (2010). Einleitung. In H. Hierdeis (Hrsg.), Der Gegenübertragungstraum in der psychoanalytischen Theorie und Praxis (S. 7–22). Göttingen: Vandenhoeck & Ruprecht.
Hierdeis, H. (2017). Herr A. begegnet Jesus im Traum und lügt. Jahrbuch der Psychoanalyse. Beiträge zur Theorie, Praxis und Geschichte, 74, 47–73.
Hildebrand, F. W. (1875/2005). Der Traum und seine Verwertung für's Leben. In S. Goldmann (Hrsg.), Traumarbeit vor Freud. Quellentexte zur Traumpsychologie im späten 19. Jahrhundert (S. 241–289). Gießen: Psychosozial-Verlag.
Jung, C. G. (1928/2011). Allgemeine Gesichtspunkte zur Psychologie des Traums (S. 263–308). GW 17. Ostfildern: Patmos.
Kreuzer, S. (2014). Traum und Erzählen in Literatur, Film und Kunst. Paderborn: Wilhelm Fink.
Leuschner, W. (1999). Experimentelle psychoanalytische Traumforschung. In H. Deserno (Hrsg.), Das Jahrhundert der Traumdeutung. Perspektiven psychoanalytischer Traumforschung (S. 356–374). Stuttgart: Klett-Cotta.
Leuschner, W. (2001). Ergebnisse psychoanalytischer Traumforschung im Labor. In R. Heinz, W. Tress (Hrsg.), Zur Aktualität der Freudschen Traumdeutung (S. 167–180). Wien: Passagen.
Leuschner, W. (2011). Einschlafen und Traumbildung. Psychoanalytische Studie zur Struktur und Funktion des Ichs und des Körperbildes im Schlaf. Frankfurt a. M.: Brandes & Apsel.
Leuschner, W. (2014). Traum. In W. Mertens (Hrsg.), Handbuch psychoanalytischer Grundbegriffe (4. Aufl., S. 954–962). Stuttgart: Kohlhammer.
Leuzinger-Bohleber, M., Benecke, C., Hau, S. (2015). Psychoanalytische Forschung. Methoden und Kontroversen in Zeiten wissenschaftlicher Pluralität. Stuttgart: Kohlhammer.
Löchel, E. (2014). Symbol, Symbolisierung. In W. Mertens (Hrsg.), Handbuch psychoanalytischer Grundbegriffe (4. Aufl., S. 923–927). Stuttgart: Kohlhammer.
Lorenzer, A. (1973). Die Wahrheit der psychoanalytischen Erkenntnis. Frankfurt a. M.: Suhrkamp.

Lorenzer, A. (1986). Tiefenhermeneutische Kulturanalyse. In A. Lorenzer (Hrsg.), Kultur-Analysen (S. 11–98). Frankfurt a. M.: Fischer.
Lütkehaus, L. (1995). Tiefenphilosophie. Texte zur Entdeckung des Unbewußten vor Freud. Hamburg: Europäische Verlagsanstalt.
Manegold, I., Rüther, E. (2000 ff.). Der Träume Wirklichkeit. Erster und zweiter Teil: Eine Anthologie deutschsprachiger Traumgedichte vom Barock bis zur Klassik. Höxter: Huxaria. Dritter bis fünfter Teil: Bochum: Universitätsverlag.
Mertens, W. (2009). Traumdeutung (4. Aufl.). München: Beck.
Moser, U., Zeppelin, I. von (1999). Der geträumte Traum. Wie Träume entstehen und sich verändern (2. Aufl.). Stuttgart: Kohlhammer.
Reicheneder, J. G. (2017). Freuds Traum von einer neuen Wissenschaft. Chemie und Bakteriologie im Traum von Irmas Injektion. Stuttgart: frommann-holzboog.
Robert, W. (1886/2005). Der Traum als Naturnothwendigkeit erklärt. In S. Goldmann (Hrsg.), Traumarbeit vor Freud. Quellentexte zur Traumpsychologie im späten 19. Jahrhundert (S. 291–318). Gießen: Psychosozial-Verlag.
Röhrich, L. (1973). Lexikon der sprichwörtlichen Redensarten, 4 Bde. Freiburg: Herder.
Roth, G. (1997). Das Gehirn und seine Wirklichkeit. Kognitive Neurobiologie und ihre philosophischen Konsequenzen. Frankfurt a. M.: Suhrkamp.
Scherner, R. A. (1861). Das Leben des Traums. Berlin: Schindler.
Solms, M. (1999). Traumdeutung und Neurowissenschaften. In J. Starobinski, I. Grubrich-Simitis, M. Solms, Hundert Jahre »Traumdeutung« von Sigmund Freud. Drei Essays (S. 101–120). Frankfurt a. M.: Fischer.
Strauch, I. (2006). Traum. Frankfurt a. M.: Fischer.
Strauch, I., Meier, B. (2004). Den Träumen auf der Spur. Zugang zur modernen Traumforschung (2. Aufl.). Bern u. a.: Hans Huber.
Türcke, C. (2009). Philosophie des Traums. München: C. H. Beck.
Türcke, C. (2010). Traum und Trauma. Der Freud'sche Primärprozess als Kulturstifter. In K. Münch, D. Munz, A. Springer (Hrsg.), Die Psychoanalyse im Pluralismus der Wissenschaften (S. 211–226). Gießen: Psychosozial-Verlag.
Völmicke, E. (2005). Das Unbewusste im Deutschen Idealismus. Würzburg: Königshausen & Neumann.
Wegener, M. (2016a). Why should dreaming be a form of work? On work, economy and enjoyment. In S. Tomsic, A. Zevnik (Eds.), Jacques Lacan: Between psychoanalysis and politics (pp. 164–179). Abingdon/New York: Routledge.

Wegener, M. (2016b). »Heiliger Text« und »Nabel des Traums«. Traumbericht und Traumsubjekt bei Freud. In M. Guthmüller, H.-W. Schmidt-Hannisa (Hrsg.), Das nächtliche Selbst. Traumwissen und Traumkunst im Jahrhundert der Psychologie, Bd. I: 1850–1900 (S. 331–351). Göttingen: Wallstein.

Wiegand, M. H. (2006). Neurobiologie des Träumens. In M. H. Wiegand, F. von Spreti, H. Förstl (Hrsg.), Schlaf und Traum. Neurobiologie, Psychologie, Therapie (S. 17–35). Stuttgart: Schattauer.

Wilpert, G. von (1969). Sachwörterbuch der Literatur (5. Aufl.). Stuttgart: Kröner.

Wurmser, L. (2013). Die Maske der Scham. Die Psychoanalyse von Schamkonflikten (5. Aufl.). Magdeburg: Klotz.

Zwiebel, R. (2002). Die Träume des Analytikers. In Zwiebel, R., Leuzinger-Bohleber, M. (Hrsg.), Träume, Spielräume I. Aktuelle Traumforschung (S. 110–131). Göttingen: Vandenhoeck & Ruprecht.

Zwiebel, R., Leuzinger-Bohleber, M. (Hrsg.) (2002). Träume, Spielräume I. Aktuelle Traumforschung. Göttingen: Vandenhoeck & Ruprecht.

Die Quellenangaben zu Sigmund Freud erfolgen nach der »Freud-Bibliographie mit Werkkonkordanz«, bearbeitet von Ingeborg Meyer-Palmedo und Gerhard Fichtner. Frankfurt a. M.: Fischer, 1975/1999.

Bildnachweis

Abbildung 1: INTERFOTO/Mary Evans/Sigmund Freud Copyrights
Abbildung 4: Robert-Schumann-Haus Zwickau
Abbildung 5: Robert-Schumann-Haus Zwickau
Abbildung 6: Kunstmuseum Basel
Abbildung 7: Kunstmuseum Basel
Abbildung 8: Privatbesitz
Abbildung 9: Privatbesitz
Abbildung 10: Quelle & Meyer: Heidelberg
Abbildungen 11a/b: Deutsches Literaturarchiv Marbach

Scherz
Nächtlich erschien mir im Traum mein alter hebräischer Lehrer,
Nicht in Menschengestalt, sondern, o schreckliches Bild!
Als ein Kamez geformt (wenn es nicht ein Komez Chatuf war:
Sah ich doch wahrlich so recht niemals den Unterschied ein,
Doch dies stell ich dahin.) Ein grammatikalisches Scheusal,
Trat er zur Türe herein, mich zu ermorden gewillt.
»Halt!« so rief ich, »erbarme dich mein! In Dettingers Namen!«
Siehe, da ließ er mich los, und ich erwachte zugleich.
Aber noch lang fort kämpfte die Brust mit fliegendem Atem,
Und von der Stirne troff mir examinalisches Naß.
(Eduard Mörike: Gesammelte Werke. Sonderausgabe in einem Band, hrsg. von Georg Schwarz. Bergen II: Verlag Müller und Kiepenheuer, o. J., S. 221)

Abbildung 12: Wikisource, freie Quellensammlung
Abbildung 13: Katholisches Bibelwerk Stuttgart: Die heilige Schrift (1966)

Der Autor dankt allen Inhabern der Bildrechte für die Lizenzen zum Abdruck in diesem Band.